こんなサポートがあれば！

LD、ADHD、
アスペルガー症候群、
高機能自閉症の
人たち自身の声

3

就労支援編

梅永雄二編著

HFA

エンパワメント研究所

はじめに

２００５年４月に発達障害者支援法が施行されて７年が経過し、発達障害者の理解・啓発がなされるようになり、それとともに発達障害者の社会参加、職業的自立は飛躍的に変化を遂げてきました。しかしながら、いまだに発達障害の人たちが自分の希望や能力に応じた仕事に就いているとはいい難い現状です。それにはさまざまな理由が考えられますが、最も大きな課題は発達障害という障害が目に見えてすぐにわかるような障害ではないため、具体的にどのような支援をすればよいのかが企業および支援者にも十分把握できていないことが考えられます。

発達障害の人たちが最初にかかわる専門家は、診断を受ける医師や心理士等だと考えられます。しかしながら、医療機関で診断を受けたとしても、その後は教育機関などに支援を委ねることになります。就学前に診断されることが多い知的障害を伴う自閉症スペクトラム（以下「ＡＳＤ」と記す）児の場合はともかく、ＬＤ児は学校に入って国語や算数等の教科教育に遅れが出てくる段階になってはじめて教育センターや児童相談所で相談を受けることが多いのではないでしょうか。さらにアスペルガー症候群などの知的障害を伴わないＡＳＤやＡＤＨＤの人たちは成人になってはじめて診断されるという人がかなりの割合を占めています。

教育においてはどうでしょうか。2007度から始まった特別支援教育においては、2002年に文部科学省が行った調査結果に基づく有名な「6・3％」という数字をもとに、校内委員会や特別支援教育コーディネーターの配置、専門家の巡回指導、通級による指導など、さまざまな特別支援教育が始まりました。しかしながら、それも義務教育段階の中学校までで、高校や大学ではそのような支援が行われているところは数少ないのが現状です。

福祉や労働の分野では、障害者福祉法が改正され、2011年8月5日から発達障害者は精神障害者に含められるようになり、精神障害者保健福祉手帳を取得できるようになりました。その結果、雇用率に算入できるため、企業は障害者として雇用できるようになりました。ただ、どのような発達障害の人たちにどのような特性があり、どのような仕事が適しているかなどは暗中模索状態だと考えられます。

ひとくちに発達障害といっても、LD（学習障害）、ADHD（注意欠陥多動性障害）、ASD（自閉症スペクトラム障害）の特徴によって就労上の課題は異なる部分が多々あります。

LDの7割を占めるといわれているディスレクシア（読字障害）の人の場合は、文章が読めないために職場における重要な連絡事項が理解できないことがあります。書くことが不得手な場合は、「メモを取ることができない」「報告書をまとめることができない」などの問題が生じます。

そしてカリキュレキシアと呼ばれる数字や計算が苦手な場合は、「測量ができない」「単位が理解できないために誤った数字データを記入してしまう」ことなどがあります。

ADHDの中で不注意型の場合は、注意力が散漫なため指示されたことが頭に入らずミスをしがちになる可能性があります。また、やらなければならない仕事を忘れてしまい、仕事に手をつけないままになってしまうことも考えられます。

ASDでは、コミュニケーションをうまく取ることができないため、上司や同僚が言ったことが理解できない、また逆に相手にうまく伝えることができないということが生じます。このコミュニケーションの問題は、相手の感情を理解できないため、好ましくない言語表現をし、相手を不快な思いにさせてしまうことなども報告されています。さらに、ミスや失敗をしてもその理由をうまく伝えられないために、不良品を量産してしまう、自分しかわからない独特のやり方で仕事をしてしまうといったことも見受けられます。そして何より、場の空気が読めない人たちが多いため、職場の人間関係に支障をきたしてしまうことがあります。

以上のような特性は、発達障害の人と接触したことがない人（多くの企業経営者や一緒に働く可能性のある同僚・上司）にとっては、やる気がない、わがまま、性格が偏っている、親のしつけが悪かったなどととらえられてしまう可能性があります。『こんなサポートがあれば！1』『こんなサポートがあれば！2』で手記を書かれた多くの発達障害の人たちが幼少期から親や友人、学校の先生たちから誤解を受けて生きづらかったと述べており、診断を受けて自分が発達障害とわかった段階で多くの人たちが「今まで自分の性格が悪いと思っていたが、その原因が発達障害とわかりホッとした、安心した、うれしかった」と述べています。

本書では、発達障害の特性を有しながら就労という分野でさまざまな問題にぶつかり、それぞれの方法で解決されてきた発達障害当事者の人たちに手記をお願いしました。

成人になるとLD、ADHD、ASDがそれぞれ単独に存在する人ばかりではなく、ADHD+ASD、LD+ADHD、LD+ASD、あるいはすべての障害特性を重複している人もいます。発達障害の人たちにキャリア教育や就労支援を行う人たちにとって、当事者の生の声を聞くことで、より支援内容を検討するきっかけとなるのではないかと思います。

本書では、便宜上診断や判断（判定）された障害名で手記を分類してみましたが、重複する障害特性の問題も出てきます。それぞれの障害特性が就労という場面でどのような問題をもたらし、それをどのように解決していくべきかを当事者の手記を通してご理解いただければ幸いです。

もくじ

はじめに ………… 3

こんなサポートがあれば3［就労支援編］
発達障害当事者11人の手記

1 上司に、お客様に、ほめられた。だから仕事を続けられた　**のりこ**〈仮名〉 ………… 10
2「苦手」は工夫次第で克服できる。

あきらめないで何とおりものやり方、教え方を試してほしい　**中村まこ**〈仮名〉 ………… 26
3 本人の努力と家族や支援者の支えは車の両輪。一緒でなければ前に進めない　**村上由美** ………… 40
4 自分の言葉や意思が受容されたとき、転機が訪れた　**明石純**〈仮名〉 ………… 54
5「変化を楽しめ！」上司のひと言で心に余裕ができた　**中沢秀幸** ………… 72

6 手に余ることは、恥ずかしがらずに支援を求めよう **猫田とうこ**〈仮名〉……90
7 センターの支援で生活は好転。
成人発達障害の支援機関・支援者をもっと増やして！ **歌織**〈仮名〉……104
8 将来のためにも、中高年者を支援対象から排除しないで **そーつ**〈仮名〉……122
9「目隠しキャッチボール」変化球も受けとめてほしい **ウィ・クアン・ロン**……136
10 めげずあきらめず、新しい出会いを求めて行動範囲を広げよう **Leeza**〈仮名〉……152
11「世の中に合わせる」のではなく、「自分に合わせてもらう」支援を **ナルヲ・ディープ**〈仮名〉……172
解説 発達障害者の職業自立を進めていくために……195
あとがき……200

こんなサポートがあれば3 【就労支援編】

発達障害当事者11人の手記

❶…………LD

上司に、お客様に、ほめられた。だから仕事を続けられた

のりこ（仮名）

37歳　LD　発達性協調運動障害
精神障害者保健福祉手帳2級　療育手帳B2
執筆した頃は、結婚退職したあとでした。その後、前の会社の関東の店舗で、採用され、障害者雇用枠で働いています。契約社員　店頭販売員

私の診断名はLD（学習障害）ですが、療育手帳B2と精神障害者保健福祉手帳2級を所持しています。発達性協調運動障害という不器用さも重複しています。

現在、障害者雇用枠（契約社員）で大手雑貨店の店頭販売員として働いて9か月が経過しています。

1. 就労前に何が困ったか

私は今まで仕事を探しても働ける環境や働きたいと思う仕事がありませんでした。療育手帳がB2だと、清掃、お皿洗い、洗濯などの業種が多く、私が得意だといえる業種ではありませんでした。

友人からアドバイスを受け、ヘルパー2級の講座を受講しました。アロマテラピー検定は、他の友だちよりテキスト等を譲ってもらい取得しました。ヘルパー2級の資格は、自分の障害基礎年金を貯めて取りました。しかし、資格を取ってもその資格を生かせる仕事に就けないことに悩んでいました。悩むたびに、二次障害が悪化する一方でした。これは、仕事が決まってからわかったことなのですが、私のこだわりは社会で生きていくことだったのです。

2. どのような理由で離職や退職をしたのか

短大を卒業後、向かない仕事についていけず社会不適応を起こし、偶然飛び込んだ精神科で20代後半のときに「学習障害」と診断されました。それ以降も私は働かないといけなかったので、「学習障害」があることをオープンにせずにいろいろな業種に就きました。ただ、それだと、学習障害のため不得手なことがあるということを会社にも相談できませんでした。相談しようとしても相談の仕方もわからなかったのです。私の得意なことは人と接してきちんと商品のことを説明して、物を売ることでした。セールスプロモーションは特に向いていました。人と接して物を売る仕事は好きでしたが、人と接しない仕事は長く続きませんでした。

セールスプロモーションでは、大手外資系クレジットカードの加入促進の仕事で、いい指導者に恵まれました。いつも

職種	業務内容	退職理由	勤務期間
営業事務	出張事務所で電話番、伝票作成	会社の業務についていけない	半年
レストラン	ウェイトレス お土産店の店員	引越しのため	2年
テレフォンコミュニケーター	電話の発信業務	企業が業務縮小をしたため	1年
セールスプロモーション	クレジットカードの加入促進	派遣先が変わった	1年
セールスプロモーション	光ファイバーインターネットの加入促進	業務についていけなくなった	1年

ほめて育ててもらいました。私の得意なところはこのカードを使ってみたいという顧客を連れてくることでした。マニュアルも簡素化されており、誰でもそのマニュアルにそって進めれば加入につながりました。もちろん、個人差はありましたが、その個人差を埋めたのは、街頭でお客様にお声がけをするシュミレーション的なことで、上司とスタッフで行うという楽しい指導でした。この仕事はイベントコンパニオン事務所のものでしたので、制服もかわいらしいから受かったらいいなあといったくらいの気持ちで受けると、来てくださいと言われたのでした。その会社では、不器用だけど親切ていねいであることと真面目さを評価してくれました。同僚たちも、私が休憩時間にマイペースに過ごしていると「のりこさんはね、照れ屋さんなんだよ」とやさしく言ってくれる女の人たちがいたのでとても楽でした。セールスプロモーションの場合は、叱られることもたびたびありました。ノルマはありませんでしたが、件数がとれないと取引先の女性上司に舌打ちをされることがありました。私だけが指導してもらえないこともありましたが、一生懸命自宅で予習・復習をしました。くやしかったので、クレジットカードについては審査の通りそうな人だけに接客して、申込書の時点で納得いただけるように不器用ながらも真面目に接客していました。ここの担当上司は私のいいところを「真面目で一生懸命だ」とほめてくれました。イベントコンパニオン事務所の仕事なので、元気に溌剌としていなさいと、厳しく指導されました。

そのようなスキルをかってくれて、派遣会社は、家電量販店で通信会社の光ファイバーインターネットの新規加入を促進する仕事を紹介してくれました。必死にその仕事を覚えようと徹夜で勉強を重ねたり、ネットを駆使して知識を仕入れました。家電量販店での担当者にも、不器用だけど一生懸命で真面目なところを評価してもらい、店頭で自由に売ることを許可してもらいました。売れないときもその店の店長にかけあって「のりこさんはずっといてほしい」と言ってくれました。しかし、退社しました。

退社した理由は、新規加入と同時にパソコンも売らないといけなかったからでした。そこの担当者には「ずっといていいんだよ」と言われましたが、私はこのままではいけない、他の業者の店頭販売員のように、パソコンと回線を同時に売らないといづらくなると思い退社したのでした。当時の女性の派遣担当者は、私が精神的につぶれて退社するとき「なんで、相談してくれなかったんですか⁉」と泣いてくれましたが、障害特性については言えませんでした。言ったところで、社会が発達障害の理解に追いついていないことを知っていたからでした。

レストラン業では、パートのおばさんにいじめられて辞めることもありました。とにかく、覚えが悪いことで目の敵のようにされていました。いじめの格好のターゲットでした。厨房のお手伝いをしている女性と料理長だけが味方をしてくれました。次第にみんなから「死ねばいいのに」と言われはじめました。悲しかったですが、退職するときに料理長からは「不器用で覚えが遅いけど、あなたみたいな真面目で一生懸命で、お客様受けもいい人が育っていかないといけないのに、みんなも悪い。いじめの主犯格をおだてあげるからいけないんだ。いじめに負けるな。あなたもきちんと言い返せばいいじゃないか！」と叱咤激励されましたが、経験を積むにつれ明らかに責任がのしかかるような仕事にステップアップしないといけなかったので、あえて自分から退職してしまいました。会社には発達障害であることをオープンにせずに入社しているので、できないと言えず、相談できませんでした。会社から辞めてくださいといわれることは一切ありませんでしたが、企業側に相談することはできませんでした。どのように相談していいかわからなかったので、仕事がない日は、ほぼ徹夜をして仕事がどうすればうまくできるかを自己工夫していました。それは自分がつぶれるだけでした。自己がつぶれたあとは、入院、デイケア、作業所、就労移行支援という流れで徐々にシフトアップしていきました。

3．どのような支援があれば就労がうまくいくか

(1) 就労移行支援事業所でソーシャルスキルを磨く

自分がつぶれてしまったあとは自宅療養を経て、自治体の生活支援相談員の紹介で作業所に通いました。でも、作業所は仕事に結びついている気がしなかったので、近所で新しく始まった「就

労移行支援事業所」を生活支援員に紹介してもらいました。

ここは社会人としてどうあるべきかをきちんと学べるところでした。職員さんも考え方が新しく「社会で活躍できる人はどんどん社会に出て行ってもらいましょう!」という考え方でした。作業は清掃と洗濯、厨房でのお皿洗いもしましたが、支援員は私に向いている仕事はこの中で清掃だと判断しました。清掃は苦手なことなのですが、ここではチームワークを勉強しました。「苦手なんです」といっても、ここでできる仕事は、清掃と洗濯とお皿洗いしかありませんでした。私は、作業のスキルアップというより、社会常識(ソーシャル・スキル)を磨きました。

仕事に就く際に、職業適性だけでは限界があるので、このように社会常識を磨くチャンスがあればと思います。私はたまたま、就労移行支援事業所に入りましたが、ここでは、楽しく仕事をするということをはじめて体験しました。今までも仕事は好きなほうでしたが、楽しく仕事をしたという経験はありませんでした。この事業所では、面接の練習や社会人としてどうあるべきかなどを再履修するつもりで頑張りました。支援職の人たちは発達障害のことを勉強してくれました。仲間たちも本当にやさしくて純粋な人たちばかりで若い利用者が多かったのですが、私が社会常識を指導すると、若い人たちは私のことを「ヨッ! あねご!」と呼んでくれるようになりました。

この事業所でも、私特有の障害特性や不器用さを軽くしてくれるように指導してくれる職員さんがいました。私は、この人に出会えて本当にうれしかったです。仕事が完璧にできなかったり、他人から言われた言葉に妙にこだわりすぎることがあったりした際に、つらいことは忘れたいと言うと、「あなたには、事実を振り返って事実だけを取り上げることが必要なんです。あなたにはつらいことだけど」と言ってくれました。私はこの言葉で、ある意味、社会で生きていく作戦みたいなものを身につけたのかもしれません。

(2) 障害者雇用枠で雑貨店に就職

そのようななか、ある求人を見つけて現在の会社の面接を受けました。大手雑貨店での店頭販売員でした。もともと興味のあるお店でしたし、接客業は経験していたので面接に臨みました。履歴書を書くのも必死で行いました。本当はワープロで作成したかったのですが、就労移行支援事業所の支援員が、「のりこさんは字がきれいです。一生懸命書きましょう。頑張ってください」と励ましてくれました。面接の練習もしました。私の場合、どうしても自己アピールが直球的になってしまいます。たとえば、クレジットカードと光ファイバーの加入促進をしていたとき、「売り上げには貢献できます」と言ってしまうことがありました。こういうところについては、小出しにアピールすることを教えてくれました。

クレジットカードの加入促進をしていたときのことです。お客様に「君に得はあるのか?」と聞かれたので、当時、申込書を書いてもらえば、1件につきインセンティブをもらっていたので、「はい、あります」と答えると、「君のために申込書を書く」といって書いてくださるお客様もいらっしゃいました。

私はまず、仕事をする機会がほしいと思いました。他の発達障害の人の中には障害を開示しても就職が難しい人もいると聞いていましたので、私は大変ラッキーだったと思います（障害者雇用枠でここの企業に一度で面接に合格したので）。支援する人も発達障害の人へのジョブマッチングを積極的にしてほしいと思っています。トライアル雇用のときは、本当に企業側も私を理解していこうという姿勢でしたし、私も早くみんなのために役に立ちたいと必死でした。直属の上司は、休みの日にわざわざ私の支援者に会ってくれました。会社では私を障害者だと思わずに、個性の強い人として接してくれました。職場の同僚の人たちも私が学習障害者だと知っています。会社の直属の上司はそんな私のキャラクターを存分に引き出してくれました。

会社の上司や同僚の人たちが大変いい人たちでしたから、与えられた役割分担をこなすこともできているものと思います。他の部署の先輩も仕事に関しては、よくできているよと声をかけてくれます。このように障害のある人と定型発達の人の差がなく、それぞれの個性が出せる場所でないと、私たち発達障害者は成長しないと思います。

(3) 同僚や上司のあたたかい言葉

働いて実感したことは、「のりこさんがいると助かる」と言ってくれることです。現在従事している仕事は、店頭での各チームのフォローです。同僚の人たちは、私のことを仕事中、障害者だということをつい忘れてしまうと言っていました。雑貨の部門では「のりこさんは私たちよりも商品知識があり、きちんと接客できている」と言ってくれます。私もチームの一員として、同僚の人たちに接してもらっていることは大変ありがたいことです。

仕事で悩んでいるときも同僚の人が相談にのってくれました。

「これまでも少しずつ覚えていって、できたことたくさんあるじゃない。これからも一緒に頑張ろう」「あなたは正々堂々としていていいのよ。何も恥じることなんかないの」「のりこさんは仕事をきちんとやれている」「各チームのフォローなんて、難しいことしているんですね」「あなたみたいな真面目な人はいない。応援したいです」「のりこさんっておもしろい」など他の部署の人たちからも声をかけてもらえるようになりました。このように声をかけてもらえることが何よりの喜びとなっています。

入社してから会社側が考えてくれた役割分担をこなしつつ、私も先輩たちから教わったこと、やってみたいことなどを相談しながらやってきました。何でもやらせてもらいました。上司が私をパソコンの横に座らせて「ほらやってごらん」と言われるので私もできることは頑張ってやってみました。上司と同僚の人たちも私を一生懸命に理解していこうと頑張ってくれました。確かに私も陰でたくさん努力したので、会社の先輩が「のりこさんの頑張りはみんな認めてるよ」と声をかけてくれます。直属の上司からは、「のりこさんは、人のいいところをほめる。これは才能です」とほめてもらいました。

このように会社に入社した頃からいつも上司がほめてくれました。今までの私は社会に出てからは怒られることばかりでしたので、この会社に入ってほめられるのが不思議でした。トライアル雇用の後、会社の実習期間を経て長期契約で就職が決まったのですが、契約を取り交わして契約書に印鑑を押すとき、思わず泣いてしまいました。私たちのような発達障害がある人はなかなか就職できないと思っていたからです。

4. 医療や教育、福祉、余暇などがどのように就労と関連するか

私は成人になって診断されたということもあり、せめて短大だけは出てほしいと、親も必死に教育を受けさせようとしました。いじめられることの多い学生時代でしたが、中学校と短大ではいい友だちに恵まれて幸せでした。中学時代の学校の先生は、私のことを個性的な人だと評価し

てくれたので、学校に行くのが楽しくてしかたがありませんでした。

短大は勉強についていくのが大変でしたが、友人たちに恵まれて、徹夜で勉強につき合ってくれたり、難しい課題を一緒にやっていこうと、見守ってくれる友だちがたくさんいました。

学校の先生がしっかりしていてくれると、いじめられることはなく、障害を個性としてみてもらえました。そういった意味では、学校の先生はかなりのキーパーソンだと思います。

福祉については、支援者が手厚く支援してくれました。しかしながら、職場の人たちにももっと発達障害を知ってもらうように、支援サイドからのフォローアップも必要だと思います。私は療育手帳を所持しているわりには優秀だといわれますが、その優秀だというのは支援する側の見方であり、働く同僚たちにどのように映っているか、わかりません。たとえば、同じ職場で働く人たちへの特性説明、働く人たちと発達障害者の橋渡し的役割、そのようなことができる就労支援者を増やしてもらいたいと思います。私たちにはそのような「通訳者」が必要なのです。自分で自分の障害特性を会社側に説明していると、ただの言い訳にしかとられないこともあると思われます。会社の上司たちも支援者が入って説明したことでようやく納得してくれて、頻繁に支援者と面談をしてくれました。

余暇については、私の就労している企業の考え方が、ＱＯＬも大切にしましょうということだったので、発達障害をオープンにせずに就労したときよりも、余暇を楽しめる機会が増えました。

まず、働いたお金で親に何かをプレゼントしたり、趣味を楽しんだり、自分が欲しかったものを買えるといった、人として当たり前の生活を取り戻すことができました。余談ですが、そういう人生を楽しめるようになったときに、将来の永遠の伴侶も見つけることができました。こういう自信をもてたのは仕事をしていたからかもしれません。

医療については、医師というより「就労しているときの困ったこと、社会人としてどうやっていくか」などを提案してくれるカウンセラーに相談をしています。

5．これから就職しようとする発達障害の人たちへ

どんなチャンスにもチャレンジしてみてください。決してあきらめないことです。私も今の会社を受ける前にハローワークの障害者窓口で言われたことがあります。「障害特性をコンパクトに説明できるようにしておきましょう。そして、障害とか関係なく、自己アピールを上手にしましょう」と。就職面接の時間は限られていましたので、私も必死に説明しました。一期一会という言葉があります。仕事を得るチャンスをつくるためには、第一印象が大切だと思います。面接のときも、他の障害のある人たちとの競争でした。私が面接のときに一番きちんとした身なりでお化粧もきちんとして、礼儀正しくしていたのではないかと思っています。笑顔も絶やさずに面

接官と話しましたし、商品知識について少し質問されたので答えたところ、「私たちでも知らないことを知っていますね！」とおっしゃっていました。

私は会社の最終決定権のある上司から言われていることがあります。「のりこさん、笑顔で元気に挨拶できてえらいね」と。私は接客業が大好きだから、ごくごく当たり前のことをしているだけなのですが。

理解者は待っていては来ません。この障害特性は定型発達の人にはわかりづらいので、自己工夫も大切だと思います。ですから、支援者に、困ったことを相談してください。

私は自らどんな人にも挨拶していきました。とにかく、きちんと真面目に謙虚な態度で挨拶をしていきました。笑顔を絶やさずに。会社でときおり開催される飲み会は楽しみです。会社の大きな飲み会も楽しみです。役職の人に「のりこさんっておもしろい」

◉キーワード　ハードスキルとソフトスキル

ハードスキルとは、仕事そのものの能力のことで「作業能力」に近いものです。スーパーマーケットで働くとすると、野菜のパッキング、値札付け、清掃、品出し、カートの片づけ、レジうちなどが該当します。これに対し、ソフトスキルとは、実際に行う仕事以外の能力のことをいいます。日常生活能力や対人関係能力、コミュニケーション能力、余暇活動などです。ノースカロライナ大学の調査では、自閉症スペクトラムの人たちの退職理由の８割以上がこのソフトスキルの問題であったと報告されています。

と笑われてしまいます。同僚に「会社の飲み会は友だちとの飲み会じゃないんですよ」と言われるほどです。会社ではただの個性の強い人という概念でみられていることは、うれしいやら情けないやらですが……。

発達障害の人だって、社会に出ていいのだと思います。そんな社会になるといいなと思いながら、お仕事をしています。

コメント 1

のりこさんは短大を卒業したものの、学習障害からくる困難さでいくつもの仕事を転々とされました。会社では何度もいじめにあっています。それは、一緒に働く同僚・上司の人たちが発達障害という障害がわからなかったからだと思います。紆余曲折があって、ようやくたどり着いた職場はのりこさんが大好きな接客の仕事でした。発達障害の人の中にはＡＳＤの人のように対人関係が苦手なため、接客の仕事は苦手だという人がいます。しかしながら、発達障害といっても一人ひとりの特性は異なります。クレジットカードの加入促進の仕事をしていた際にお客様から「君に得はあるのか？」と聞かれ、「はい、あります」と答えると「君のために申込書を書く」といって申し込まれたお客様がいらっしゃったように、真面目に接することによって好感のもたれる発達障害の人もいるのです。

これは、すなわち「ジョブマッチング」の問題です。3万種もあるといわれているわが国の職種すべてにマッチングする必要はないのです。発達障害の人のニーズや能力に応じた仕事は必ずあります。就労支援者はそのようなニーズアセスメントに基づいて、適職をじっくりと見定めていく必要があるでしょう。

現在働かれている職場では、上司や同僚の人たちがきちんと発達障害であるということを理解し、できた仕事についてみんなでほめるという支援をされています。小さいときから失敗経験が多く、教師だけではなく親からも叱責の対象となり、自信を喪失してきた発達障害の人たちにとって、ほめられるということは何よりもうれしい強化刺激となることでしょう。ほめられることによって、セルフエスティーム（自尊感情）が向上し、自分も会社で役に立っている、必要とされているという意識が培われてくるのです。その結果、より一層仕事に対する意欲が増し、生きがいを感じるようになっていくのではないでしょうか。

のりこさんは理解のある伴侶も見つけられて、ようやく落ち着いた人生をこれから育んでいかれることだと思います。

❷……………ADHD

「苦手」は工夫次第で克服できる。あきらめないで何とおりものやり方、教え方を試してほしい

中村まこ（仮名）

30歳代後半。16歳から働き始めて27歳でADHDの存在を知る。診断がないと誰にもADHDと認めてもらえないので証拠を得るために33歳で診断。手帳取得。34歳から障害者雇用枠で働き現在に至る。

私は高校を1年で中退し、16歳から働き始めました。33歳でADHDと診断されるまで、いろいろな仕事を経験しました。その数は、履歴書に全部書くとしたらとても1枚では足りません。どの職場でも、覚えが悪い、不器用、作業が遅いといったことをカバーするために、自分なりにいろいろ考えて作業の仕方を工夫しました。苦手なことができるようになる。これは私に感動と自信を与えてくれました。

1．ミスしやすいポイントを知る

私は子どもの頃、近所のお母さんや先輩から「おとなしくていい子」と言われていたので、それほどド派手な問題を起こしてはいませんでした。どちらかというとのび太くんタイプでボーッとした子どもでした。しかし、母親はとても厳しくいつも怒ってばかりでした。しつけに厳しく、こだわりの強い人でした。そのおかげで現在助かっている部分もありますが、当時は本当に苦しく怖かったです。今になって、母親も脳が過活動で、心配性、こだわりも強いので、何かしら発達のアンバランスがあったのではないかと思います。母親は専業主婦でしたが、エネルギー過多な感じでした。きっと家にいることが合わなかったのだと思います。外で働いていたらあそこまでの干渉、恨み、ねたみ、そねみ、ひがみを私に対して抱かなかったのではないかと思います。

成長するにつれ「干渉は激しいが保護はしない」という「アメとムチ」の「ムチ」しかない状態にだんだん限界を感じはじめ、私は勉強する気力がなくなり、高校を1年で中退しました。親子関係の悪さから軽い対人恐怖と過食症を発症し、働くのが怖くなってしまいました。しかしながら、母親から「何が何でも働け。働かないやつは出て行け。早く自分の力で食っていけるようになって出て行け」と言われていたので働きました。

❷「苦手」は工夫次第で克服できる。
あきらめないで何とおりものやり方、教え方を試してほしい

16歳から働き始め、16歳～17歳半までの間に7つの仕事をし、その中で販売が向いていることに気づきました。当時一緒に働いていた会社の人には申し訳ないと思いますが、「一つの仕事について3か月以上はやらないぞ」と決めていました。その理由は「いろいろな仕事や経験をすれば自分に向いている仕事がわかるだろうし、気持ちが楽になるだろう」と思ったからです。そして、そのとおり販売職が向いていると気づくことができました。1年半の間に経験した仕事は、「魚屋の店員」「個人商店の店員」「飲食店の洗い場・調理補助」「玩具屋」「ウェイトレス」「縫製工場」などでしたが、飲食店の洗い場では不器用で器を割ってしまう、調理補助では調理手順が覚えられない、きれいにつくれないなどの問題が生じました。ウェイトレスの仕事では、空間認知ができないため2つ以上のテーブルに運ぶ場合、どこに運ぶのか覚えられない、不器用なため料理を落としてしまうなどの失敗をしてしまいました。縫製工場では、不器用なので工業用のミシンが使えない、単純作業の繰り返しがとてもつらく仕事が遅いといった状況でした。

その後、衣料品の販売で3年近く働きました。私は過集中ではないので一つのことに対する集中力はありませんが、同時進行がさほど苦手ではなく話すことがわりと得意で、聞き取りがある程度正確にできるタイプです。販売職で特別困難を感じることはなく、販売職では「向いているね。しっかりしているね」とほめられることが多かったのです。

それから最初の衣料品店と2軒目の衣料品店で計8年以上働きました。しかし、その間ずっと憂鬱で死にたい気持ちがありました。理由は仕事の問題ではなく、親に愛されなかったと思い込んでいたからです。それから、注意欠陥というものはどこにいてもついて回るので、販売職でも苦手なことが出てきました。対人恐怖が治っていなかった私は人間関係に疲れ、正社員だった衣料品店を辞めてしまいました。私は19歳からひとり暮らしを始めていたので、すぐに新しい仕事を見つけなくてはなりませんでした。しかし、人間関係に疲れていたので従業員同士が顔を合わせない仕事をしたいと思いました（お客様は怖くありません）。

そこで郵便配達のアルバイトをしました。郵便配達では男性が多かったので、昼休みに無理に会話をしなくてもいいし、女同士のやっかみもなく、人間関係はとても楽しく過ごせましたが、仕事はやはり向いていなかったようです。配達前に順番に郵便物を組むのですが、その作業が遅いだけではなく配達も遅く、方向音痴で地図を覚えるのに時間がかかりました。郵便配達の仕事は1年半続けましたが、やはり辞めざるを得なくなり、27歳のときにまた販売職に戻りました。長く勤めた衣料品店は嫌な思い出があったので別の分野にしようと思い、スーパーに勤めました。

そのスーパーは、とてもルールが厳しく1円の違算も出してはいけなかったので、注意欠陥な私は何度も辞めようと思いました。しかし上司が「中村さんのレジ業務をもう一度チェックしてあげる」と言ってくれたので見てもらったところ、「スキャンや袋の用意などの手順はていねいによくできている。だから、後はお客様からお金を預かってからお釣りを返すまでの時間を今ま

 ❷「苦手」は工夫次第で克服できる。
あきらめないで何とおりものやり方、教え方を試してほしい

でより3割増しゆっくりにすればいいよ」と教えてくれました。

それまでいくら「焦らなくていいから」「ゆっくり確認していねいに打って」「気をつけて打って」と言われても改善しなかったことがこのひと言で改善し、それから退社するまでほとんど違算はしなくなりました。それまでなぜできなかったのかというと、自分のレジ打ちは速すぎるという自覚がなく、「ゆっくり」とはどのくらいなのか、感覚がつかめなかったからです。しかし「3割増しにゆっくりと」と具体的な指示があったので感覚をつかむことができたのでした。

この体験から学べることは、曖昧な指示ではなく具体的な指示、細かい感覚を詳しく提示すると劇的に効果が出るということです。いくら注意欠陥といってもその業務すべての箇所で間違えているわけではありません。よく観察すれば必ず「ミスしやすいポイント」が見つかります。「ここでいつも間違える」「ここで中村さんはこんな癖がある」「余分な動作がある、もしくは足りない動作がある」ということを発見できれば必ず何かしらの対応策（工夫）が浮かびます。私はその経験から「第三者の視点」と「工夫」の効果の大きさを思い知りました。

2. 苦手なことは工夫で改善

その後、30歳のときに『片づけられない人のための仕事の本』（リン・ワイス著）を読み、自分のタイプの仮説を立てて「目からの合図が入りやすいタイプ」「耳からの合図が入りやすいタイプ」「身体に伝わる合図が入りやすいタイプ」があることを知り、さらに工夫を考え実行しました。たとえば、私は日配品期限チェックの際に期限が近いものの見落としがたくさんありました。そこで、①黒い太いマジックで「5／25（木）」とメモに書き、今自分がチェックしている近くに貼ります（今日が何月何日かもわからなくなるため、視覚に強く訴えかける）。②豆腐やねり物に印字してある「消費期限をすべて音読する」（黙読では脳が感知できない。聴覚に強く訴えかける）。私はこの方法で、毎日あった1～20個の見落としが、ほぼゼロになりました。この方法は後に自分が教育する立場になったときにも後輩に伝授して効果をあげました。

この会社では販売職だったこともあり、明るく元気があり瞬発力のある私は教育担当も任され、社長によくほめられました。売り上げが伸びていた数年は、ストレスはあったもののやりがいを感じながら働いていました。そんなふうにさまざまな工夫をして頑張ってきたのですが、不器用で物を時々落としてしまうことや、棚卸で正確に数えられない、事務仕事がなかなか覚えられない、社長がワンマンタイプでしょっちゅう社員に罵声を浴びせる、1人で3人分くらいの仕事をしなくてはならない、ミスは絶対に許されない、売り上げが低下してきたなどが重なって、退社することにしました。このとき社会人になって16年目でした。

自分にとって一番マシな職種である販売職でもまた行き詰まり、消えてしまいたかったのです

❷「苦手」は工夫次第で克服できる。
あきらめないで何とおりものやり方、教え方を試してほしい

が、実行することもできず、次は農業でパート勤めをしました。そこでも不器用で身体をうまく使えない私は、野菜コンテナを積んだ一輪車を倒さずに運ぶことが困難だったので、他の社員に「一輪車をバランスよく運ぶことができないのですが、何がまずいのか見ていただけますか」とお願いして、自分の運ぶ様子を見てもらいました。すると「う〜ん、膝を曲げないといいかも」という答えが返ってきました。私はそれまで膝を曲げて一輪車を押すと安定すると思い込んでいたのですが、膝を曲げずに押したほうが確かに安定しました。これも、自分では気づけなかったことです。発達障害だから、発達性協調運動障害だから、頑張ってもダメというわけではありません。この問題の解決方法は「ただ、膝を伸ばして押した」だけです。

発達障害の人は「苦手なことはやらなくていい」という考え方もありますが、このように「ものすごく簡単な工夫」で劇的にできるようになることがあるのです。だから、あきらめずに「工夫」を実験し続けることが大事だと思います。たとえ、その場所とその時にその「苦手」から逃げることができても、また違う会社に行ったら同じ「苦手」が巡ってくるかもしれないからです。だったら今現在解決しておけばいいと思います。

ほかにもたくさんの「工夫」をしたのですが、残念ながら周りの求める水準には達することができず、10か月で辞めることにしました。「障害者」と認めてもらえない状況での「工夫」は、その効果が水準に達するならいいのですが、工夫をすることが「何やっているの、こいつ？」と奇異に見られる」「やってみればできるようになるのに何を遠回りして手間のかかることをやっているのか?」「こんなこともできない人がいるなんて信じられない」などと言われることもあり、理解を得て何とか平常心で働けるレベルまではいけませんでした。とてもつらかったです。その後、またスーパーの食品レジをしたのですが、不器用なことと記憶に時間がかかることで指導の範疇を超えた暴言を吐かれ、本当に限界を感じました。17年間頑張ってきて心の底からはっきりわかりました。もう何もかも無理だと思いました。

発達障害がわかったらまずやることとして「得意なことで貢献して苦手なことはサポートをお願いする」「苦手なことは工夫して改善する」ことだと思いますが、私が長年働いてきて感じたことは残念ながら「万遍なく仕事ができないと周りに

◉キーワード　精神障害者と発達障害者

従来、わが国における障害者とは、身体障害者、知的障害者、精神障害者のいわゆる3障害でした。2005年に発達障害者支援法ができるまでは、LD、ADHD、自閉症スペクトラムの人たちは障害者としては認められずに、さまざまな支援を受けることができない状況でした。しかしながら、2011年8月に障害者基本法が改正され、発達障害者は精神障害者に含まれることになり、精神障害者保健福祉手帳の取得が可能になりました。その結果、就労の側面において障害者雇用率の対象になり、企業も発達障害者の雇用に意欲的に取り組むようになりつつあります。

❷「苦手」は工夫次第で克服できる。
あきらめないで何とおりものやり方、教え方を試してほしい

迷惑をかける」「ずば抜けて得意なことがあるより、著しく苦手なことがないほうがいい」「工夫をする時間がない、工夫が許されない」「工夫しても周りが求める水準にならないこともある」ということです。とにかく何のあてもないけれど、もう今までの形態で働くのは無理だと思いました。17年間努力して嫌というほど思い知りました。たとえほとんどの面接に受かり、クビになったことは一度もなく、どんなに向いていない仕事でも辞めるときに一応は引きとめてもらえたとしても、精神的に限界でした。

3. 障害者としての就労

その頃初診の順番を7か月待っていた「ADHD検査」の順番がまわってきたので検査に通い、診断がおりました。自分がADHDであることはわかっていましたが、診断がないと誰にも信じてもらえません。そして、障害者雇用枠で働くために手帳を申請したところ取得できました。その後、障害者のためのパソコン訓練に通い、ワード・エクセル3級を取得して、営業アシスタントとして働きましたが、支援が足りなく理解も得ることができず、とてもつらい思いをしました（支援者と私はほとんど面談をしておらず、支援者が発達障害についての理解をしていないうえに周りの社員に対しても障害についての説明を一切してもらえませんでした）。

そのような状況のため辞めたいと思っていたところ、リーマンショックで支店が合併することになり退社。その後は「障害者就労移行支援事業所」に通いました。通って1か月で推薦をもらい今の会社を受けたところ何とか合格し、現在働き始めて3年目になります。

現在は「遠隔雇用」という形態で働いています。本社とは離れたオフィスで他の障害者の人と働いています。この形態のメリットは理解の難しい発達障害者が定型発達者と離れたところで支援者つきで働けることとです。余分な摩擦を避けることができるため、定型発達者にも発達障害者にも両方にメリットがあると思います。また、奇異に見られがちな「工夫」を堂々と行うことができます。たとえ「工夫」の結果が求めるレベルに達していなくても定型発達者が直に私たちと接することはないので、私たちを見てイライラすることはないでしょう。

デメリットは、支援者が「業務に対する支援しかできない」ことです。それには「できないことをできるようにする工夫を一緒に見つけてもらう」ことは含まれていません。PC操作でわからないことがあれば聞けるのですが、ミスしやすい箇所に対し、観察し一緒に工夫を考えていこう、ということはしてもらえません。また非常に簡単な業務しかしておらず量も非常に少なく、スキルアップは望めません。この環境だから何とか働いていけるけれど、他の事務職ではとても勤まらないことはわかっています。業務量を増やしてほしいのですが、その業務が難しくて自分にはできなかったらと思うと、あまり強く「〜のような仕事があったらやらせてください」とも言えません。

結論として、「発達障害による苦手は工夫次第でできるようになるので、その工夫を一緒に探す支援をしてほしい」ということです。長年働いてきて私は「できないことができるようになった」経験を何度もしています。教え方は何とおりもあるし、習得の仕方も何とおりもあります。どうかあきらめずに「何とおりもの教え方を試して、私が理解・習得できるまで教えてほしい」と思います。ミスをするからこの人はできない、やらせないのではなく、「この業務のどこでつまずいているのか?」という視点で注意深く観察してほしい」と思います。そうすれば必ずポイントが見つかります。支援者にはその点に着目して一緒に「工夫」を考えてほしいのです。できない、わからないということはとてもつらくて怖いことです。この先転職してもまた同じような業務が来たら困ることは目に見えています。

今思えば、支援者が私の会社と派遣契約だった頃に「支援のポイントと支援者以外の人への働きかけ方」をお願いしておけばよかったと思っています。派遣契約だった頃はもっといろいろな支援をすることができたのだそうです。私の会社と支援会社が契約をした頃は今私が望むような支援もできたそうですが、契約が3年たち、委託契約に変わったため私が望むような支援はできないそうです。

正直、成功したことは一度もないし、事例も知らないので、どうやるのがベストなのかは私にもわかりませんが、入社1~2年の間は「できないことをできるようにする支援」を支援者にお願いし、他の社員（一緒に働いている仲間や本社社員）に「できないことをできるようにする支援」の重要性と効果を理解してもらい、やり方のコツを伝授する、2年目以降は支援者以外の人も支援できるようになり（ナチュラルサポート）、当事者からも支援のお願いができる状態にするといったやり方がベストだったと私は思います。

障害者支援はまだ手探り状態で「すべての障害支援の方法が同じ」といった感は否めません。「最初の2~3年は支援するが、後はフェードアウトする」そういう考え方でいる支援者が多いようですが、私は対人能力に重度の困難を抱えるタイプではなく、業務そのものに困難のあるタイプなので、新しい業務が来たらそのつど、理解・記憶・ミスに悩むことになる可能性が高いのです。そのためには「工夫を一緒に見つける支援」が何よりも重要だと思います。「あとはフェードアウトする」のなら、支援者以外の他の社員にも「できないことをできるようにする支援」の重要性と効果を理解してもらい、やり方のコツを伝授してほしかったと思います。

また、「1か月に一度本社で仕事をしてみる」という案もあり、「私の得意・不得意4項目ずつくらいを表にして送ってある」そうですが、毎日会っていた支援者でさえ、教え方のコツもわからず本当の意味で理解していないのに（でも誠実に接してくださったとは思っています）、その程度の働きかけでほとんど会ったことのない定型発達の人たちが理解できるわけがないと思います。その程度で安心して本社で働けるのならこのような形態の働き方など必要ないと思います。もっと詳しく継続した特性説明が必要だと思います。どうするのがベターなのかはわかりませんが、それだけで足りないことは明確です。安心して定型発達の人と働くには「私が皆の前で自分の説明をする。その質疑応答の時間をとる」（それもおそろしいことですが）、「支援者も課の2~3人だけではなくその部署全員、フロア全員に理解・啓発する」など、ほかにもたくさんの歩み寄り、「いろいろ試すこと」が必要だと思います。

コメント 2

中村さんは自分なりに試行錯誤され、将来的にきちんとした仕事に就こうと意識的にいろいろな仕事を体験されました。そのような中、スーパーで働かれているときに上司の「3割増しゆっくりのスピードで」といった具体的指示が大変わかりやすかったと述べられています。つまり、ＡＤＨＤの特徴の一つである衝動性から早くやろうという意識が強くなってしまい、その結果ミスを生じていたのですが、自分が早くやろうとしていることに気づかなかったのです。また、農業でパートの仕事をされていた際に、不器用で身体をうまく使えず、野菜コンテナを積んだ一輪車を倒さずに運ぶことが困難だったのを他の社員から「膝を曲げないといいかも」というアドバイスを受けたことによって、それまで膝を曲げて一輪車を押すと安定すると思い込んでいた中村さんは、膝を曲げずに押すことによって安定したのだそうです。このようにミスしやすいポイントを発見し、具体的で的を射た支援を行うことはADHDの人だけではなく、LDやASDの人たちにも大変有効なものなのです。中村さんは就労支援を担当する人が発達障害の理解ができていないために、適切な支援が受けられなかったことがあります。「3割増しゆっくり」や「膝を曲げなくてもいい」という支援はいずれも実際の職場での上司・同僚からの支援です。本来であれば、このような支援は障害者就労支援の専門家が果たす役割だと考えます。ハローワークや障害者職業センター、障害者就業・生活支援センター、地域によっては障害者就労支援センターなどの専門家は、現場において何が必要なのかを発達障害の人とともに学ぶ姿勢が必要なのではないでしょうか。

そして、現在、職場適応援助者（ジョブコーチ）などが行う一定期間の支援で終了するといったものではなく、中村さんのように仕事の内容が変わるたびに混乱を示す発達障害の人には、働き続ける限り継続的な支援が必要だとも考えられます。

最後に、精神的なプレッシャーは親の厳しい育て方が原因だったとも記されています。家庭内でのプライベートな内容に就労支援の専門家が入り込むには限界がありますが、そういった生育環境が多くの発達障害の人の自尊感情を傷つけていることがあるということを支援する側は把握しておきたいと思います。

❸……………ASD

本人の努力と家族や支援者の支えは車の両輪。一緒でなければ前に進めない

村上由美

撮影：関夏子

言語聴覚士。上智大学・国立障害者リハビリテーションセンター学院卒業。重症心身障害児施設などの勤務を経て、現在は声に関するセミナーや自治体の発達相談などに従事。著書『声と話し方のトレーニング』（平凡社）『アスペルガーの館』（講談社）

私は3歳頃、母の知り合いの心理士に自閉症の可能性を指摘されました。その頃の私はまったく言葉をしゃべっていませんでした。同時にコミュニケーションが取りづらい、多動であるといった問題もあって、母は育児に苦労していたそうです。

当時病院や施設などを回って相談したそうですが、指摘してくれた心理士以外は「お母さんの育て方の問題」といって終わりになったようでした。

4歳で言葉を話すようになり、学校は普通学級で過ごしました。小・中学校ではいじめにもあいましたが、高校は先生や友人にも恵まれ、楽しい学校生活を送れました。

大学では心理学を学び、卒業後※STになりたいと思い、養成校に進学しました。養成校を出てからは病院や施設などで支援職として働いてきました。

私生活では養成校時代にアスペルガー障害の男性と知り合い、卒業とほぼ同時に一緒に暮らし始めました。今年で同居してから14年、婚姻届を出してから11年になります。

※ST（Speech Therapist：言語聴覚士）とは、聞こえや言葉、コミュニケーションや嚥下《えんげ》（食べ物の飲み込み）について医学的な支援を行うリハビリテーションの専門職。

1. 就労サポートの前に必要なこと

就労以前に、働くためには必要とされる、生活リズムや物、時間、お金の管理といった基本的な生活習慣が身についていないケースが意外に多いものです。

生活習慣が問われるのは進学や就職といった新生活と重なるときです。実際、私も就職を機に家を出ました。下宿や寮なら食事の心配はないかもしれませんが、家で親と同居しているときに比べたら掃除や洗濯といった家事をする時間がずっと増えます。ひとり暮らしなら食事などの配慮が必要になりますからもっと家事時間が増えていきます。親が一緒のときにはフォローできたことも、ひとり暮らしになると全部自分でやらないといけません。意外にこれが難しいと私は自分の経験から感じています。

家事ができない、もしくは時間がかかることで、時間、物、お金の使い方が乱れ、そこから生活リズムが狂っていくことで会社へ行くことが困難になることも多いようです。会社へ行ける条件を整えることもサポートの重要なポイントだと私は考えています。仕事と家事の両立は、夫が自宅勤務のため家事の一部をやってくれていたとはいえ、かなり大変でした。家事はただその行為をするだけではなく、やることをリストアップする、カレンダーなどで予定を確認しながら家事をする日を決めて割り振るといったプランニングも必要になります。このあたりは子どもの頃から自分でやってきたスケジュール習慣がとても役に立ちました。

幸いわが家は夫が一緒に暮らす前からひとり暮らしをしていて家事がひととおりできたこと、私も基本的な家事のやり方を知っていたことがずいぶん助けになりました。とかく発達障害があると勉強やコミュニケーションの指導に注意が向きがちですが、土台となる日々の生活スキルを一度点検するよう支援者や家族は意識することが大事だと思います。

2. STになるための就職活動

私が就職活動を始めた頃は就職氷河期で、採用試験が受けられるだけましだったのかもしれませんが、十数か所受けても決まらず、かなり焦りました。就職活動で不採用通知を受け取ることで自信喪失しますし、親からも「面接で変なふるまいをしているんじゃないか」「もうSTになるのはあきらめてハローワークへ行きなさい！」といったことを言われ、ますます落ち込む日々でした。

同級生たちが次々就職先が決まっていくなか、自分は決まらないことで精神的につらくなっていきましたし、孤立感が深まっていきました。就職活動の際に、発達障害を理解している就職支援関係の専門家から冷静なアドバイスをもらえたらもう少しよかったと感じています。私にとって夫は「働いて自活している当事者」という意味でもいいモデルでした。彼は高専を卒業してからは家を出てずっとひとり暮らしをしていました。夫はバブルの頃に就職したので高専の教授推薦であっさり決まったということで、私のときとは条件が全然違っていました。

また、就職後うまくいかないケースでは職種のミスマッチが多いことがあります。ただ、簡単に合わないから辞めるというのではなく、「技術を身につけるためにはこれだけの実務経験やトレーニングが必要だ」といった説明も事前にしておくこと、ときには学生時代アルバイトなどを経験しておくことも大切になるでしょう。

就職活動をする際に今までの経験などから自分の特性を整理していく作業をし、それに詳しい人と分析する作業はとても大切になると思います。まだまだ支援できる人が少ないですが、今後就労支援を進めていくうえで人材育成は大きな課題になると思います。

3．就職当初の問題

最初は非常勤職のかけもちで働くことになりました。とても運のいいことにどの職場にも経験豊富な先生がいらっしゃり、駆け出しの私にとてもていねいに仕事の基本を教えてくださいました。また、母校で月2回失語症や高次脳機能障害の人の研修に通わせてもらうことにもなりました。

それでも仕事の流れを覚えるにはずいぶん時間がかかりました。おそらく普通の人なら自然にすっと理解できることでも引っかかるというのが発達障害です。熱心な上司にていねいに指導してもらいましたが、それでも何度か厳しく注意されたことがありました。

最初に戸惑ったのはカルテの書き方や記録の取り方、求められる検査などが学校でのやり方と微妙に異なったことでした。大まかな流れは同じではあっても、検査によっては事前に練習する必要があります。非常勤だと勤務する曜日が限られていますし、日によってやることが変わりますから一日の流れについていくのが精一杯でした。

スケジュール管理はある程度事務職や保健師さんがやってくれるとはいえ、病院だと病棟のスケジュールと並行で他の先生方の都合も配慮しなければなりません。一度にいろいろなことを考えながら動かなければいけないことで、慣れるまではとにかく困惑することが多かったです。

また、私は就職するまであまり成人の患者さんと接した経験がなかったので、どう接したらいいか慣れるまでかなり大変でした。成人の場合それまで健康に過ごしてきた人たちなので、できないことへのショックはとても大きいものです。それを感覚的に理解できるまで雲をつかむような話でしたし、ずいぶん失礼なことをしてしまったと後悔することがあります。

気を遣うことが本当に多く、帰宅後もやることがたくさんあったので、平日は夫に夕食をつくってもらいながら必死で仕事を覚えていました。注意されたことを具体的に考えたうえで問題点を洗い出して対策を考えたり、ビジネス関係の本や雑誌を買い込んで何が仕事のうえでの常識なのかを勉強しました。

他業種への転職などを考えなかったのかと聞かれそうですが、医療系の養成校を出ている場合、なかなか他の職種への進路変更が難しいこともありますし、せっかく現場に出たのだからスキルアップするまで最低5年は何がなんでも働くと決めていました。そのための努力は惜しまないことも心に誓っていました。耳の痛い意見でも正当だと思う理由があったら耳を傾け、改善点を洗い出すようにしていました。また、自分の言動に矛盾することがないか、相手からどう見えているのかを考え、本や雑誌で確認したり、ときには夫に意見を求めたりもしました。STの仕事は好きでしたから、よく知らないうちに辞めるのも惜しいと思いました。また、仕事への姿勢が問題だとしたらどこへ行っても同じ問題で辞めることになりかねません。まず原因を明らかにして改善できることは改善してみようと考えました。

たとえば、注意されたときにこちらの事情を話すと相手にとっては言い訳に聞こえるから不愉快になる、ということに気づいたので、相手の話をできるだけ聞いたうえで理由を尋ねられたら話すようにする、と行動を変えてみました。すると、相手も冷静にこちらの話を聞いてくれて「そういうことなら今後こうしましょう」と妥協案を出してくれました。

人づき合いも時間が経つにつれて他職種の人と話すようにしたり、職場の飲み会にもできるだけ顔を出すようにしました。年齢が近い人も何人かいたので、ときには若い人だけで集まる際に声をかけてもらうようになり、そのなかで私という人間を知ってもらう機会をつくってもらったことで徐々に職場での居心地もよくなってきました。当時からパソコンもそこそこ使えていたので、雑用などで頼りにされていた面もあったようでした。

4. 整理整頓の工夫、体力・運動面の課題

そんななか、職場で苦労したのは整理整頓や片づけでした。当時の私は整理は何とかできまし

たが、片づけをするという必要性をあまり感じていなかったため、家でもかなり乱雑にしていました。しかし、職場でも家庭でも、私が平気だとしても他の人が必要なものを出し入れできなければ当然迷惑をかけてしまいます。

誰かと一緒に何かをするには共通のルールや決まりごとを守る必要があるし、誰が見てもわかる収納や片づけのルールをつくって守ることが大切なのだと、ようやく少しずつですが理解していきました。しかし、それを自分なりにアレンジして実行できるようになったのはここ数年のことです。

最近自分に合った方法で物を整理整頓し、使いやすく並べ替えていくことで物を探す時間が減りました。物の管理もしやすくなり、自分なりの「構造化」をすることで生活が楽になっていることを実感しています。もちろんシステムをつくるまでは時間がかかりますし、定期的な見直しも必要です。私の場合これが家族指導など仕事にも役立っていますし、夫と暮らしていく際にも役に立っています。

障害特性を考慮すると、ある程度考えなくても物事が回るシステムをつくることがどうしても必要になります。しかし、皮肉なことに、発達障害の人は自分が快適に過ごすシステムが一番必要なのに、自分でそのシステムをつくるのが苦手です。

私の場合とても大変だったのが体力や運動面のことでした。体温調節が苦手、風邪をひきやすい、靭帯や関節の問題で指先に力が入りづらい、他の人がスムーズにできる作業に時間がかかってしまうといったこともありましたし、生理痛で時々早退することもありました。

運のいいことに最初のうちは週4日の仕事だったので、平日休みの日にたまりがちな家事をしたり、銀行や郵便局といった平日にしか行けない場所への用事を済ませていました。最初の年は母校へ研修にも行かせてもらうことができ、徐々に就労の準備ができた点はよかったと思っています。

一方で収入や社会保障面は不安定であり、心配な面もありました。一緒に住んでいた夫（当時はまだ入籍前でしたが）もフリーでしたから、いくら2人で働いているとはいえ、何かあったときどうしたらいいか、悩むこともありました。夫は楽天家なので、相談しても私が何に不安があるかわかってもらえず、苦労しました。

このあたりは職種の違いや就職活動時の状況の差も大きいのかもしれません。私は当時救命救急センター併設の総合病院でおもに働いていました。突然の事故や発作などで運ばれて慌ただしく手術を受け、リハビリを開始する患者さんやそれを支える家族の姿を見るにつけ、「何かあったときはこんなに大変なのか」とショックを受けたものです。就職活動で苦戦した経験もあるため職を失うことへの不安もありました。

5. 転職後

2年目の途中から、学生時代に知り合ったドクターから「重心障害児施設で働いてみないか?」と声をかけてもらいました。もともと小児の職場にとても興味がありましたから、渡りに船と早速その先生と施設へ見学に出かけ、先方からも「ぜひ来てください」ということで週一度のペースで働くことになりました。

幸運なことに、この施設はできたばかりでリハビリスタッフも私と年齢が近い人が多く、先に入っていたSTとも話し合い仕事をすることができました。数か月ほど経ったある日「常勤になるための試験を受けてほしい」とスタッフから話をいただきました。願ってもない条件でしたから喜んで試験を受け、晴れて常勤職としてそのままそこで働けることになりました。私が入社した年には新規採用者も多く、経験1~3年目のスタッフが中心の若い職場になりました。そのため和気あいあいとした雰囲気もあり、何かあると職員同士で話し合うことで問題を考えていこうとしていました。

非常勤のスーパーバイザーの先生もいらっしゃっていたので、何かあると相談することができて勉強にもなりました。やはり1か所でじっくり腰を落ち着けて働けることで見えてきたこともたくさんありましたから、精神的な余裕はとても大切だと思います。

一方で、常勤職になったことで会議や他部門との話し合い、教材作成、職員行事の参加、実習生の指導といった本来業務以外の仕事も増えてきました。これは非常勤の頃から常勤スタッフがしていることを見ていましたからある程度予想はしていましたが、担当人数もどんどん増えて「はたしてこのまま働き続けられるだろうか」と不安を感じることもありました。

ちょうど働き始めた頃から次第に療育への社会の関心が高まり、希望者が殺到するようになってきました。マスコミが発達障害について報道することも増えて認知度が高まってくることで、今まであまり受診していなかった知能指数が高いタイプの発達障害のお子さんが来るようになりました。

かつての自分がそうだったこともあり、このような子どもたちと接することはとても楽しい時間でした。親御さんたちの悩みもおそらく母も感じたであろう内容でしたし、実際自分が見聞きしてきたことや感じてきたことが役に立つこともありました。

支援職だとその場の当事者しか見られないため、どうしても家庭での姿をイメージしづらい面もあります。そのためつい親に負担の大きい対応を求めたり、理想を押しつけてしまうことがあります。当事者、家族双方が楽に暮らせる支援という視点も大切です。

いろいろと見えてくることも多く、何を優先させて子どもや親に伝えたらいいのか、どこまで伝えればいいのかといったことも悩むようになりました。当時は自分や夫が当事者であることは職場では公にはしていませんでした。自分が当事者かどうかではなく、支援者としての実力を見てほしかったこともありましたし、当事者であることを公表することで不利益が生じることを恐れていたこともありました。どこまでオープンにするかは難しい問題です。

6. 終わりに

最近養成校の先生方とお話しすると、発達障害がある学生への対応について話題になります。実習のこともさることながら、とにかく就職して働けるのかが大きな問題になっているようです。

かつての私も相当な問題児だったことは卒業後もお世話になった先生方に何かと声をかけられるので容易に想像がつきます。ここまで何とか仕事を続けられたのは本当に幸運なことでしたし、辛抱強く指導してくださった多くの人たちのおかげだと思っています。

幸い自分なりに問題点を洗い出せるスキルを学び、身につけるチャンスがありました。そして、学ぶのに必要なお金を親に出してもらったり、就職後は夫の助けを借りながらではありましたが用意することができました。

これに関しては本人の努力や自己責任では片づけられない面がありますし、反対に周囲の人がいくら応援しても本人の行動が伴わないと解決しないという車の両輪のような側面もあります。ただ、家族や支援者にも限界がありますし、本人の人生なのですから、やはり自分なりに問題点を考えて分析し、必要に応じて人に助けを求めることができることは必要不可欠でしょう。

仕事をしていて感じるのは、たとえ自分が当事者であっても職場では仕事ができれば関係ない、ということです。逆に必要なスキルがなければ誰であろうと仕事はできません。そういう意味では、仕事というのは非常にフェアでかつシビアな側面があります。

発達障害の特性が仕事を続けることを妨げる要因になるのも事実です。それをいかに折り合いをつけていくかが大切な視点になると思っています。そのための「構造化」「職業支援」「制度改革」ならば大歓迎です。

コメント 3

4歳まで言葉が出なかった村上さんが現在ST（言語聴覚士）をされているのは、とても奇妙な縁があったのではないかと思います。出演されている発達障害のDVD（中島映像製作）では、言語治療を希望されている自閉症児の気持ちが手に取るようにわかると説明されています。

さて、ある意味では特殊なお仕事に就かれている村上さんですが、就労に必要なスキルには仕事そのものの能力の前に「時間、物、お金の管理、生活リズム」などのライフスキルが重要であることを述べられています。ライフスキルについては、ＷＨＯが定義したものがありますが、発達障害の人にはクリアしにくいスキルが多く、発達障害の人が成人になって生活していくうえで必要なスキルと考えたほうがいいでしょう。

具体的には家事のように範囲が広く、かつ曖昧なライフスキルについては、やることをリストアップし、カレンダーなどで予定を確認されています。このようなプランニングは子どもの頃からやってきたスケジュール習慣が役に立ったそうです。これは一般にＴＥＡＣＣＨプログラムなどで使用されている時間の構造化といわれるもので、ＡＳＤの人たちには有効な方法です。

就職に関しては、適切なジョブマッチングの重要性を主張されています。自分に合わない仕事と合う仕事を体験的に理解することはとても有効なことだと考えます。発達障害の人の中には、自分に適した職業や職種がどのようなものなのか十分に理解できていない人も多くいます。そのため、第三者である就労支援者に援助を受けることも必要ですが、必要以上に依存しないという意識も重要です。

最後に述べられているように、発達障害の特性に仕事を妨げる要因がありますが、そのための「構造化」「職業支援」「制度改革」を検討していくのが支援者の役割なのでしょう。

❹……………ASD

自分の言葉や意思が受容されたとき、転機が訪れた

明石《あかし》 純《あつし》（仮名）

こんにちは、明石と申します。
システム運用を行いながら改良に追われる毎日を送っています。
最近の関心はセルフマネジメントです。自分を変えることで、人との接点を増やしていこうと試みています。

私は、発達障害（アスペルガー症候群）と診断を受けた30歳代の当事者です。

今では会社員として勤務もこなし、趣味の集まりにも時々参加して社会にも適応して生きています。

しかし、ここまでの道のりは険しいものであり、何度も挫折しそうになったこともまた事実です。ここでは私の発達障害について振り返り、その内容を発生期、診断を受けて改善へと向かっていく時期、そして、現在という大まかに3つに分けてお伝えしてみようと思います。

1. 幼い頃の記憶

(1) 一番印象に残っている記憶

私が自分の育った家について記憶をたどっていくと、何となく叱られている場面に行きつきます。両親の「こういうふうに決まっているんだ!!」とか、「何でわからないの?」というような何か一方的に言い放つような物言いを、ふと思い出すことがあります。

もちろん私の幼少期はこういったものだけではなく、楽しかったこともきっとあったはずです。実際、じっくり記憶をたどってみると、親と過ごした楽しい記憶に行きつくことができたりします。

たとえば、運動会に来てもらって昼に食べたおにぎりの味とか、博物館に連れて行ってもらったこととか、これらは楽しかった記憶のはずだと思います。

しかし、大きくなってからたどってみると、どうしても冒頭の場面に行きつきます。どうもこの場面は、自分自身の中で強固に残ってしまっているようです。

(2) 記憶が強固に残ってしまった理由

その最も大きな理由は、どうしてそのように言われたのか、私自身がその過程をうまくとらえきれていないのが原因だと考えています。ここで2つの例をあげてみたいと思います。

①最初の記憶

一つは、おそらく3歳から4歳頃の記憶です。突然、母親が食卓の上の皿を取って私に投げつけ、「おまえのせいだ!! 片づけろ!」と怒鳴りつける場面です。皿の上にのっていた料理が飛び散って、あたりが大変な状況になっています。

私は飛んでくる皿や料理を避けて逃げながら「どうしてこうなったのだろう?」という疑問で頭の中がいっぱいでした。思い当たる節がないので、ただただ逃げ惑うしかありません。原因となったことがわかれば、多少の納得感をもてるかもしれないのですが、とてもそんなことを尋ねられる状況にも見えません。

いつしか、「こういうことが起こるのは、きっと私が悪いからなのだな」と思うことで自分を納得させるようになっていきました。自分がした悪いことが積もり積もって、あるとき嵐のような罰が突発的に降ってくるのだと、自分を納得させるようになっていったのです。たとえ自分が悪いことをした気がなくても、そういうふうになるものなのだと思うようになりました。

②次に思い出される記憶

もう一つ思い出されるのは、少し時間の経った9歳くらいの場面です。私には5歳年上の兄がおり、この頃中学校へ通っていました。私はまだ小学生でランドセルを背負って学校へ通っていました。兄弟間であまりやりとりはなかったのですが、兄が学校に行きたがらず、朝になると家の中で大きな騒動となっていたのを覚えています。また、夜、トイレに行くために起きて、両親が険悪な雰囲気で話をしているのを見たりもしていたので、ピリピリと張り詰めた空気を感じていました。

そんななかでのある朝のことです。私自身も今まで我慢はしていたものの、耐えきれなくなり「学校へ行きたくない」と母親に言葉をもらしてしまいました。それに対する受け答えはよく覚えていて「おまえもああなるのか、ただじゃすませないぞ」というひと言でした。自分は我慢をできる限界までしっかりやったはずなのに、何でそのように返されてしまうのか、とてもさみしく感じるとともに、「まだ努力が足りないのかな。ダメな子なのだな。だから、しっかり努力して親を満足させるいい子にならなきゃいけないんだ」と自分に言い聞かせるようになっていきました。

③2つの出来事を通じて

この2つの例で、私は親から叱られたりする理由についてきちんと説明を受けることはありませんでした。何かについて叱責を受けるとき、その理由がある程度はっきりしないと、なぜその叱責を受けているのかよく実感することができません。理由がわからない叱責を受け続けた結果、私の自尊心や自信はだんだんと低下してしまいました。

それと同時に、親の言っていることにはしっかりと従わなければならないのではないかと考えるようになっていきます。そして、何だか自分の感覚は間違っていて、親が決めたことや、言っていることこそがとても重要だという、誤ったものの見方を深めていきました。

④お互いに縛り合う共依存

ここで重要なのは、親からの誤ったしつけに対して、私が必要以上に服従する姿勢をとってしまったため、歪んだ親子関係を成立させてしまった点です。

具体的には、私は親からの叱責を無条件に受け入れ、従うことで日常の生活を守るようになり、親は私を叱ることによって私という人間を支配下におくことができ自身の不安定性を補うという、被支配／支配によって成り立つ逃れ難い人間関係が成立したことです。これで共依存が成立したということでもあります。

私の想像となってしまいますが、幼少期の親子間において、子どもへのしつけは確かに必要だと思います。そのとき、なぜそのようなしつけがなされるのか、子どもが実感をもてるように、ある程度の親の工夫は必要だとも考えています。

この親の工夫の部分では、親がときには子どもの目線に合わせたうえで、しっかりとコミュニケーションを通じて子どもに理解させていくことが大事な部分になると思います。

この過程となる部分を通じて、子どもは状況によって、どんなしぐさや態度で、どんな言葉づかいをしながら、何を尋ねたり、答えたりしても他の人から許容されるのかを学んでいくことになるのです。

そのため、この過程の部分をスキップしたり、親の都合で捻じ曲げすぎたりすると、子どもはしつけを受けても、その表面的な内容を主として受け取るようになってしまいます。

言い換えると、場面の細かな条件が違ってきた場合、しつけを通じて定着させたはずの事項では対処できなくなってしまいます。

ここでは親は一方的に子どもに対してしつけの内容を自身の言葉で渡すだけなので、子どもは十分にその意味を咀嚼することができません。

さらには、緊迫した状況下で子どもが統制されることによって、「相手から言われたことがわからなければ、確認したり、聞き返したりすること」や、そもそもわからなければ「わからない」と伝えたり、「説明の形を変えてもらう」といったコミュニケーションのさまざまな手法を習得する機会が著しく限られてしまうことにもつながります。

もちろん、これらのことは子どもだけでなく、その対となる親側にも形を変えて蓄積されることなるので、両者の相互に縛り合う共依存の関係の中で、欠落のあるコミュニケーションが長期にわたり繰り返されることになります。このあたりが、私自身が発達障害と診断を受ける大きな原因になったと考えています。

2. 発達障害の診断を受けて

(1) 診断前には困っていました

学校では自分で学ぶことの領分を増やして何とかやっていくことができました。それでも、いざ就職して職場に入ると今までと同じようにはいきません。

なぜなら職場では皆で連携して大きな仕事をするため、そこに所属する人同士で必ずコミュニケーションを取る必要があるからです。自分が相手に頼むときや、逆に相手から指示をもらうとき、ひと言では済まず、詳細を確認したりする過程が発生する場合があります。私はこの過程の部分がとても苦手でした。

具体的には、相手の指示や依頼の内容について聞き返すことにとても大きな抵抗を感じていました。相手から何か重要な事柄を渡されたときには、聞き返してはいけないのではないかと強いひっかかりを心に感じてアクションを起こすことができなかったのです。その場で聞き返したり、確認したりすることが難しい状況では、仕事の進行に悪影響を与えてしまいます。

たとえば、聞けなかった分を自分の想像で補うとある程度までは進めることができても、一定以上先の工程へはなかなか到達できません。無理に先に進めて終わりにしようとすれば、本来進むべき方向とは別の地点へたどりついてしまい、仕事の成果としては成り立たなかったりしました。また、仮にうまく到達することができても、一人であれこれ悩むことが多かった分、どうしても遅くなりがちで、やはりこれも成果としては不適格の扱いを受けることになります。

(2) 診断前の職場で困ったこと

2社目の会社で人事の仕事をしていた頃の話で、もう少し詳しく説明してみます。ここではふだん、私と上司の2人で仕事を進めるのが通常で、必要に応じて他の部署の人たちとの行き来があるという状態でした。

2人で仕事を進めるといっても、常に一緒というわけではなく、多くの場合は分担して各自のもつ仕事を進めるのがいつもの姿です。電話で指示を受けたり、仰いだりすることも多く、その場ですばやく確認を取ることがとても重要な職場でした。

ここで比較的うまくできていた仕事としては、会社説明会に関する仕事だったと思います。その理由は、実際に上司がどのように応募者へ会社の説明を行うのか、事前にどんな準備が必要なのか、そして、終わった後、何をすればよいのか、すべての工程をひととおり見ることができたからだと思います。

実際に見ることができれば、各工程で何をすればよいのかは一定以上に整理して、輪郭をとらえることができます。輪郭さえとらえてしまえば、後はわからないことがあったとしても、着実に埋めていけばそれほど大きな問題にぶつかることもないので、ほどほどにやり遂げることができました。逆にうまくできなかったのは、最終的な成果物がわからなかった仕事です。具体的には、全社員の年金に関するリストを作成することでした。

材料となるデータがどこにあるのか、他の部署の人にも聞いたりしてみたのですが、なかなかはっきりとした答えがもらえず、そうこうしているうちに時間が経ってしまい、上司から激しい叱責を受ける結果となってしまいました。

タイムアップを迎えてしまった理由として一番に思い当たるのが、やはり指示者への聞き返しが十分でなかったことです。データがそろいにくいとわかった時点で指示を出した上司に現状を報告し、どうやったらデータが出そろうのか相談をしておけば、結果は違ったかもしれません。

また、このデータは、前例となる成果物がどこにあるのか不明瞭だったことも、失敗に拍車をかけたと思います。せめて、最終的にどんな形に加工すればよいのか、そのイメージを頭に写し取れれば、次のアクションを起こせたのかもしれません。

そして、このようなパターンでの失敗を繰り返してしまったため、上司からの叱責はさらに激しいものになってしまい、職場に行くことができなくなってしまいました。自分なりに努力してやっていた仕事ではありましたので、当時はしばらく家を出られないくらいのショック受けた記憶があります。

(3) 他者の受容によって転機が起こる

前職の会社を退職する直前、たまたま訪れたクリニックで「明石さんは発達障害（アスペルガー症候群）かもしれないよ」と医師から指摘を受けたことをきっかけとして、自分を振り返ることで、次への足がかりをつくることができました。

医師から指摘を受け、自分自身の過去を振り返ってみると、何となく周囲の人と比べて、コミュニケーションが不得意な自分がいることを認めることにはなりましたが、必ずしもすぐにその指摘を受け入れたわけではありませんでした。そもそも発達障害とは何なのか、医師のこの指摘は当たっているのか、当たっているならば自分はどうすればよいのか。それこそ周りの何を信じたらよいかわかりにくくなり、ときとしてひねくれた態度をとっていたと思います。ただ、そんな状態の私に対して、粘り強く形を変えながらアドバイスをくれたのがその医師でした。たとえば、人間が互いの間で何かをするときには、お互いに納得できる地点を探す必要があり、それはコミュニケーションの過程を通して探していくものだと説明をしてもらいました。こうしたコミュニケーションの過程の重要性とともに、他の人にしっかりと自分の言葉や意思が受容されることのうれしさを実感することができたことは、私にとって大きな転機になりました。

決して自分は価値のない人間ではなく、偏りはあるかもしれませんが、ほどほどの能力をもった人間であるということをしっかりと認識できたので、この後に職場への適応など大変な場面も歩き通すことができたのです。この医師との交流を通じて、自分の心にあった、固まっていた部分が少しずつ解けていき、徐々に気楽な気持ちで人に接することができるようになっていきました。コミュニケーションに対する身構える気持ちも和らいでくるようになり、また外の世界で頑張ってやってみようと勇気をもって臨めるようになり、いよいよ再度の就労への挑戦を迎えることになります。

(4) 就労への再度の挑戦

ある程度の安静を保てるようになったとき、少しずつ社会復帰をしてはどうかというアドバイスを医師から受けました。ただ、このままでは以前のようなフルタイム労働をするには不安があったため、医師と相談していくつかのポイントを満たすような状態で働くことを決めてみました。

まず、働く際には、アルバイトなど仕事の量や責任の範囲を絞った形を最初に選ぶことをポイントの一つにしました。確かに以前のように、責任をもって仕事をしたい気持ちはあったのですが、そのような仕事にはコミュニケーションをある程度、円滑にできることが必要になります。責任範囲の広い仕事ほど、自分の持ち分だけではなく、他の人の成果とマージできるように進めていく必要があり、その際には双方の落としどころを探るためにコミュニケーションが必須になります。この時点では、まだそこまで気持ちがほぐれてはいなかったので、無理をしないという方針のもと、働くことに決めました。

もう一つのポイントとしては、定期的に他の人たちと交流するということです。これには、一対一のコミュニケーションだけではなく、集団の中での社交性を自分の中で育てていく目的も含まれています。通常、集団の中での人間関係は、一対一の形で終わることはなく、それぞれの構成員が有機的に結びついて成立しています。

たとえば、趣味の集まりを見てみると、一見互いに緩やかな結びつきを保っているようにも感じられますが、実際のところ、大まかなグループがあることが見て取れます。

最初に集まりの中心となるグループがいて、活動の進行や、不測の事態が起きたときの対処など、全体の統制を行っています。次に、集まりにはほぼ毎回参加していて、統制がうまくいくようにある程度の手助けをするグループが存在します。そして、最後に集まりの中心からは距離のあるグループがあります。こうしたグループと、それらの関係が大まかに実感できるようになると、集団の中でどのような仕組みができているのかも、何となくつかむことができるようになります。

具体的には、集まりにはじめて参加した誰もが、どこかのグループに所属することをまずは起点として行うことは、一つの決まった仕組みのようなものだと思います。

また、所属グループ探しを行う際には、自分のもっている属性と重ねやすい性格のグループをまずは見つけることから始めるでしょう。

このほか、自分の所属する狭義のグループ内だけではなく、集団内の他のグループとも一緒に楽しめることをしたりしながら、グループ間の関係で良好な部分を構築していこうとする仕組みもよく目にします。この関係を利用して、お互いのグループ間で伝えたいことや、助けてほしいことなどのやりとりが行われます。

このような集団内における運動の仕組みは、会社内での人間関係にも共通するものなので、より緩やかな趣味の集まりで体験しておけば、実際の職場でまごつくことも少なくなります。

こうした仕組みの面からもしっかりと補強することで、一対一のコミュニケーションでも相手の所属や背景によって、何をこちらに伝えようとしているのか、また、こちらはどこまで何を言ってもよいのかを論理的に理解することができます。

総じて、人との接点をある程度緩めに設定したうえで、構造に対する分析力をもって自身の対人感覚の不備を補うという二段構えで、当面のアルバイトを続けていくというこの方法は、自分に大きなプラスの作用をもち、段階的にコミュニケーション手段を回復し、獲得もするようになっていきました。

今でもこの方法を一緒に考えてくれたこの医師には、深く感謝しています。

3. 現在とこれから

(1) 現在の職場では

現在は、何年かの努力が実ってＩＴ企業で勤務しています。この職場では、これまで自身が身につけてきたコミュニケーション手法が、とても有益な形で役立っています。おもにソフトウェアの規模計測の仕事を担当しているのですが、案件ごとに自分だけでははっきり理解できないことが多々あります。システムの特性や目的に応じた内部構造の在り方など、システム開発の経験がないとすぐには想像しにくい部分があります。

また、案件ごとのスケジュールのつくり方や、規模計測における方針の立て方、お客様が読む報告書の書き方など、実に多種の事柄について同僚と相談しながら、上司に報告を行い、納期を守って納品まで結びつけなければなりません。こうしたさまざまなタスクが並行して走るなかで、自分のわからない部分は同僚に伝えて助けてもらうことが決して間違いでなく、後ろめたく思う必要もないことを今ではしっかりと実感しています。

今日も「仕事は一人で行うものではなく、チームで成果を出していくもの」という部門長の言葉を念頭において、どうしたら生産性を上げられるかに知恵を絞っているところです。障害者雇用枠で働いているので、職場における配慮としては、私個人には長い目で成長を見てもらっていることと、部署全体としては、休憩時に利用できるベッドを置いてもらっていることが特徴です。おそらく発達障害の診断を受ける前の自分では、今の環境でも適応は難しかったと思います。人とのコミュニケーション手段が欠損したまま、それ以上前に進むこともできなかったからです。で

◉キーワード　助成金

発達障害者に特化した助成金として「発達障害者雇用開発助成金」というものがあります。これは発達障害者を雇い入れた事業主に対し、賃金の一部を助成する制度で、大企業の場合は年間 50 万円（短時間就労 30 万円）、中小企業の場合は 1 年半にわたって 135 万円（短時間就労 90 万円）が支給されます。そして、雇い入れから約 6 か月後にハローワーク職員等が職場訪問を実施します。

も今は違います。コミュニケーション手段を段階的に取り戻したうえで、これまでは使うことのできなかった方法も獲得しつつあるからです。

だんだんと人とのつながりをつくりながら進んできた現在、今後もこうした方針を守り、自分だけで悩んだりせず、難事や責任を互いに分担し合う関係を構築していければと考えています。

(2) 発達障害は治る

これまでの長い道のりを整理してみると、大きく3つに分かれます。

最初に、家庭内での共依存関係によって自身のコミュニケーション能力を縛ってしまう期間があり、次に医師による受容によって共依存関係が清算され、束縛から脱する期間がきました。そして、最後に現在の社会に適応した期間です。

自分にとっての発達障害とは、最初の共依存が発生した時期に、コミュニケーション能力の発達が著しく阻害されたために起こったものと考えています。なぜなら、後の期間を経ることによって、周囲の人たちと違和感なく暮らすこともでき、社会にも適応しているからです。このように人はたとえ一時的に不調に陥った場合でも、その後に試行錯誤を繰り返した結果として、再び復帰することは可能です。ただ、一つの条件は、これは当事者だけではかなり困難であり、他の人の支援や、受容が不可欠だということです。

確かに、当事者が自分の特性を省みて、多くの人とつながれる可能性が高くなる手法を工夫して見つけ出すことは最も必要なことです。しかし、それだけではなく支援を行う側にも、どのような要因が当事者たちの社会適応を阻んでいるのか、それを把握するための接点のもち方を検討していただければと思います。

コメント 4

明石さんが診断を受けられたのは30歳代になってからでした。このように知的な障害のない発達障害の人たちは通常の小・中・高校、そして大学を出ている人もいるため、学業的な問題は何とかクリアできています。しかしながら、就職で最もトラブルが起きるのが対人関係やコミュニケーションの問題なのです。

明石さんは、ご両親との関係がとてもつらいものでした。当時ご両親が発達障害という障害を理解されていなかったため、常に叱り続けていたことが明石さんのコミュニケーション能力の向上に支障をきたしたものと考えられなくはありません。事実、明石さんは時間の経過とともに、周囲の人たちと違和感なく暮らすことができ、社会にも適応しています。

ただ、明石さんも述べられているように、当事者の能力だけを伸ばしていくというのではなく、周りの支援者や職場の同僚・上司等の受容が不可欠なのです。これは、ソーシャル・スキル・トレーニングは一方的に発達障害当事者に指導するべきではなく、彼らとかかわる側にもソーシャル・スキル・トレーニングについての十分な理解が必要なことを意味しているのではないでしょうか。発達障害がある本人を変えるだけではなく、彼らが生活する環境を変えることによって暮らしやすい、生きやすい状況をつくることをTEACCHプログラムでは、「構造化」と呼びますが、これは国連の障害者権利条約における「合理的配慮」を行うことと何ら変わるものではありません。

　このように支援者側は、発達障害者当人の社会参加においてどのような要因が阻んでいるのかをきちんと把握（アセスメント）し、そのかかわりの在り方を検討すべきなのでしょう。

❺ ……………… ASD

「変化を楽しめ！」上司のひと言で心に余裕ができた

中沢秀幸

1976年生まれ。高校卒業後に就職するも転職を繰り返し、24歳で大学へ進学。
卒業後も職場を転々としていたが、2010年にKaienの職業訓練を経て障害者雇用枠で就職。
現在は横浜市内のIT企業に勤務。

私は２０１０年１月にアスペルガー症候群の確定診断が下りました。その他に、気分変調性障害により精神障害者手帳３級を取得しています。現在は横浜市内のＩＴ企業で内勤事務として、書類のチェックやデータ入力などの業務に従事しています。

２０１０年４月に株式会社Ｋａｉｅｎの職業訓練のため上京するまでは、約４年弱仕事に就いていないニートの状態が続きました。それまでの人生においても、友だちの輪から外れる疎外感や「自分はなぜ、人と違うといわれるのだろう」という違和感を抱えながら生きてきました。中学・高校時代の一番多感な時期には同級生とうまくコミュニケーションを取ることができず、常に悶々としていました。高校卒業後は職を転々としましたが、町工場で働いていたときに海外での青少年研修に参加したことがきっかけで、24歳で大学へ進学しました。卒業後はＹＭＣＡの交流事業でヨルダンへ行ったり、30歳でイスラエルの農場でボランティアワークをしたりと、障害を具体的に意識するまでは積極的に行動してきました。しかし、その中でも環境の変化に敏感だったり、他人と同じようにふるまっていても「中沢君はちょっと違うよね」などと言われて落ち込んだりしました。なぜ違うのか、どうして他人と同じふるまいができないのか。原因が自分でもわからず、気分変調性障害と診断されたときも、それだけでは納得できませんでした。ですから、確定診断が下ったときにはようやく違和感の原因が明示されたことですんなりと受容でき、かえって安心したことを覚えています。

1．自分の特徴

(1) 時間の把握が難しい

インターネットの閲覧であったり、あるいは休日を何となく過ごすときに、時間の経過を忘れてしまうことがよくあります。先日もTwitterのタイムラインを眺めるのに夢中になり、タイマー代わりに使っている携帯電話のアラームをつけ忘れました。結果として5時間以上もパソコンの前に座り続け、自分でつぶやいたり、フォロワーのつぶやきに返信を出し続けたりしていました。平日であれば出勤であったり、会社内であれば時間の締め切りのある仕事もあるので時間を意識します。帰宅後や休日などは疲労から気が抜けてしまい、アラームをかけずに時間を浪費することがしばしばあります。対策としては、前述の携帯電話のアラームを15~30分おきに鳴るように設定して、なるべく時間の経過を意識するように心がけています。

(2) 集中しすぎて疲労してしまう

さきほど述べたように、過集中を起こすと周囲が見えなくなり、目の前にあることにのめり込みます。途中で休憩のために席を外すこともないので、過集中の状態から脱するとドッと疲労が押し寄せます。先日もサッカーの試合をネットで観戦後に掲示板の書き込みを追い続け、疲れ果ててその場で寝込んで、結果として半日以上を無駄に過ごしました。大学時代にはレースゲームの「グランツーリスモ3」やRPGの「ファイナルファンタジー」シリーズにのめり込み、講義へ行かずにひたすら一日中ゲームに没頭することがありました。これは自分だけだと思っていたのですが、発達障害と診断されてから当事者の人に聞いてみると同じ経験をされた人が多く、「自分だけではなかったんだ!」とある意味で安心しました。

現在は仕事に就いているので、健康管理の観点からゲーム類は一切していません。過集中に起因する疲労は決して好ましいものではないので、時間の把握・管理とならんで私の大きな課題になっています。

(3) 大きな音や高音に弱い

私には聴覚過敏があり、その影響で雷や花火など大きな音が極端に苦手です。夏場は出勤する前に天気予報を見て、オフィスにはイヤーマフを常備。雷雨になっても大丈夫なように備えています。現在勤める会社の面接においても音に対する配慮をお願いし、デスクに座って仕事をする際にはイヤホンで音楽を流して周囲の音をある程度打ち消しています。幸いにも住んでいる場所と会社の両方とも、雷雨が頻繁に発生しないので助かっています。けれども、以前外出した際に雷雨に遭遇してパニックになったので不安です。花火も同様にあの爆発音がものすごく苦手で、花火大会には一度も行ったことがありません。他にも、子どもの金切り声や地下鉄のレールに車輪がこすれる音などは耳に響いてくる感じがします。

(4) フラッシュバックに悩まされることがある

過去に経験したつらい出来事がありありとよみがえり、身動きができなくなるほど苦しい思いをすることがあります。大学卒業後に就職した会社に馴染めず、職場の先輩からの叱責が身にこたえました。その当時の経験がトラウマになり、寝ている最中や友だちと話している途中にフラッシュバックが起こります。先日も知人の何気ない言葉がきっかけで起こってしまい、身動きがとれなくなってやむを得ず会社を休んでしまいました。

その他にも、中学・高校時代に仲間はずれにされてくやしかったことや、18歳のときに高校の同級生からかかってきた心ないイタズラ電話の場面を想起する場合があります。この事実を主治医に相談して、フラッシュバックが起こったときに気分を安定させる薬を処方してもらいました。けれども、薬をその場で服用するだけでは対症療法にすぎないとも感じています。かといって、20代後半から時々悩まされてきたので、何とかしたいと思ってはいますが。

(5) 単純作業の繰り返しに強い

現在の仕事は文書のチェックやデータ入力が中心です。そこでは、ショートカットキーやスキャナーの操作などにおいて、同一操作の繰り返しが求められます。私は以前、工場で工作機械（NC旋盤・マシニングセンター）のオペレーターをしていたときも5分以内で加工が終わる小型の金属部品の切削加工を一日中行っていました。現在の職場でも繰り返し動作の作業はまったく苦になりません。もちろん、休憩は適宜入れていかないと作業効率に影響が出てきます。

おもに本社からの依頼で仕事をこなしていると、大量でかつ定型的な手順で処理することが求められる作業は私たち発達障害者に向いているのではないか。そう思うようになりました。一般就労の社員がこの作業を行うと時間も取られますし、他の重要な業務に割く時間が減ってしまいます。そこで私たちが社内BPO（ビジネスプロセス・アウトソーシング）の形で請け負えば、本社の方が定型的な業務に取られる時間が減り、私たちにも仕事が定量的に回ってくるというメリットがあります。もちろん、ただ単にルーチンワークを日々こなすのではなく、より効率よくできる手順を常に探求し、依頼された仕事を一定の品質で迅速に納品することを目標においています。

(6) 言語を覚えることが好き

私は聴覚過敏で、大きな音などは苦手ですが、音に対する感覚が鋭いという側面もあります。現在、英語を勉強していてリスニングや会話の練習も積極的に行っています。そこで、多くの人が英語独特の発音（例：th）で苦労するそうですが、私は発音で困ったことはありません。ナレーションやニュース原稿、ドラマの会話などを聴き込んで、口で真似て覚えてきました。

私はカラオケも好きで、時々一人でカラオケボックスへ行って歌うほどです。英語の発音も歌唱と同じようにとらえており、イントネーションやリズム、音の強弱を耳で聞き分けて、それを実際の会話で再現するイメージです。聴覚過敏は職場においては配慮していただいていますが、少なくとも英語学習においてはむしろ強みになっています。直接、現在の仕事に役立つスキルではなくても好きで続けられているので、２０１３年にはＴＯＥＩＣで８５０点を獲得するのが目標です。

(7) 整理整頓に対するこだわりがある

発達障害、特にＡＤＨＤの当事者には片づけが苦手な人が少なくありません。私は東京・高田馬場にある発達障害者のための作業所「オルタナティブ・スペース・ネッコ」によく出入りしており、そこで片づけが苦手な当事者の話に耳を傾けてきました。多くの人が片づけの方法に悩み、部屋の整理整頓がほとんどできていない現状を知り、実際にその場を見てきました。

私の場合は逆に、片づける行為自体にこだわりがあります。現在はひとり暮らしをしており、部屋とトイレの掃除は毎日欠かしません。週末には布団を干し、シーツを洗濯します。整理整頓をきちんと行うことで思考の整理にもなり、加えてイライラの原因が減っていると実感しています。大学時代は部屋は散らかし放題で食器も洗わずに放置していたのですが、就職を機に引越し、きれいな部屋に住む快適さを知ってから掃除をこまめに行うようになりました。現在勤めている会社でもデスクの上に余計なモノを置かないようにして、いたずらに気持ちが混乱しないようにしています。もともと整理整頓は両親から厳しく言われていたので、その姿を見て育ったのも現在の掃除や整理整頓に対するこだわりにつながっているのかもしれません。

2. どのような支援で就労したか

(1) Ｋａｉｅｎの職業訓練を受けるまで

２００６年にイスラエルから帰国して以降、仕事に就かない期間が長く続きました。２００８年１月からの半年間、金属加工を学ぶ公共職業訓練を受講しました。けれども、その場で講師や他の受講生と些細なことで反目するなど人間関係でトラブルを起こし、一般就労で働く限界を感じるようになりました。その後はハローワークに登録し障害者雇用枠での就労をめざして活動していましたが、書類選考を通過して面接までたどり着いても、内定をもらうことができませんでした。障害者向けの合同就職相談会へ行っても手ごたえがなく、徐々にハローワークから足が遠のいてしまいました。それでも、あきらめきれずにインターネット上で情報を集めていても、実際に自分からアクションは起こしませんでした。かなり焦りを感じていた２００９年末にGoogleで「発達障害　就労」をキーワードにして検索したところ、Ｋａｉｅｎのウェブサイトを発見。早速、鈴木慶太社長とコンタクトを取り、2010年1月に講演会ではじめてお会いしました。2月にはKaien本社での説明会に参加し、「ここで職業訓練を受けよう」と決意。ハローワーク経由で申し込み、面接を受けて合格。4月から始まった第一期の訓練に参加することになりました。

(2) Kaienでどんな訓練を受けたか

2010年4月から3か月間、東京しごと財団の委託訓練という形で、Kaienの職業訓練を受講しました。内容はソフトウェアテストを行ううえで必要な基礎知識の習得と、Word・Excelの操作、加えて、職場において必要な報告・連絡・相談の方

◉キーワード　職業訓練

発達障害者の職業訓練には、「知識・技能習得訓練コース」と「実践能力習得訓練コース」があります。知識・技能習得訓練コースは、期間が3か月以内で、専門学校・各種学校等の民間教育機関、障害者に対する支援実績のある社会福祉法人、障害者を支援する目的で設立されたNPO法人等を委託先として基礎的な知識・技能を習得する訓練です。

これに対し、実践能力習得訓練コースは期間が1か月～3か月で、企業を委託先とし、事業所を活用した実践的職業訓練で、訓練終了後はそのままその企業で就職をめざします。どちらも訓練なので、委託した事業所に対し受講生1名につき月6万円の委託料が支払われます。

法などです。最初はホウレンソウ（報告・連絡・相談）もいい加減で、よく注意されていました。そういったミスを少しずつ修正することで、徐々にパソコン操作スキルやコミュニケーションの方法が理解できるようになりました。体調を崩して訓練を休む日もありましたが、基本的に出席率はよいほうでした。ただし訓練中、私は他の訓練生よりも作業スピードが遅いのが気になっていました。常に30分程度遅れて作業を終え、他の訓練生が帰ってから作業日報を書くことがしばしばでした。

6月に入ってからはソフトウェアテストを行う会社を複数見学し、就職を意識するように。アドバイスを受けながら履歴書と職務経歴書を作成し、志望理由は会社ごとに書き換えました。私自身はテストエンジニアとしてより、一般事務で働くことを志望し、そういった会社を中心に就職活動を行いました。理由の一つとしては、私自身にテストエンジニアとしての適性があるとは思えなかったことがあげられます。事前に書類を入念に準備し、面接の練習を繰り返し行った成果か、7月下旬に当時勤めていた会社に内定。仕事がない生活にようやく終止符が打てる。そう感じて、安堵したことを昨日のように覚えています。

3. 就労してからの課題

私は働くうえで「責任・効率・成果」、そして「チームワークと規律」を意識しています。つまり、「任せられた仕事は責任をもって完了させ、常に効率を意識してよりよい方法を探し続け、あくまでも成果を追い求める」姿勢です。仕事・プライベートの両方において障害を言い訳にしないことを、私は信条としてきました。障害者雇用枠で配慮してもらっている以上は、それ以外ではベストを尽くす。仕事・プライベートの両方において障害を言い訳にしないことを、私は信条としてきました。

(1) 報告・連絡・相談をいかに適切に、そして簡潔にするか

2010年8月に現在勤めている会社に就職しました。当時は、直属の上司に業務中いきなり話しかけたり、報告が長くなってしまうなど、不適切な行動を多くとってきました。職場において、必要以上にホウレンソウに時間をかけることは、相手の働く時間を奪うことになる。当時の私はそのような基本的なマナーも知らず、社会人としての常識に欠けていたと思います。

現在では、個々の作業完了の報告をメールと口頭で簡潔に行うこと。マネージャーからの連絡事項に対しては素早く対応すること。相談したい事柄があれば事前に内容をまとめ、なるべく時

間を取らないこと。この3つは常に頭におきながら仕事をしています。他部署の人とコミュニケーションを取るのは現在でも緊張する傾向にあり、報告する際に言葉が出にくくなることもありました。緊張の度合いが強くなる場面（たとえば他部署の人との相談）はマネージャーに代わりにやってもらい、完了の報告をメールで業務を依頼した担当者に送信しています。

(2) 不適切な意見や冗長な感想を言っていないか

Ｋａｉｅｎの鈴木慶太社長は、職場で意見や感想を安易に言うことの危うさを繰り返し訓練生に伝えています。それだけ、発達障害の当事者が職場でのコミュニケーションにおいて、不必要な言葉によって自らの立場を危うくしていることが多いのだと私は理解しています。私も以前は会社のためだと思い、自分の意見を上司に口頭やメールで伝えたり、レポートの形で発信していました。しかし、それは独りよがりの思い込みにすぎませんでした。会社には会社の都合があり、部署には予算があって、できることは自ずと限られてくる。それを理解していなかったのです。

鈴木社長の言葉を本当に理解してからは、いたずらに意見を言うことはできる限りなくし、業務において自分自身のパフォーマンスを上げることにフォーカスすることにしました。同時に、部署のマネージャーをつかまえて長々と仕事の感想をしゃべることもやめ、求められたときにできるだけ簡潔に自分の感想を言うことにしました。余計なことはせず、余計なことも言わない。

まずは私に課せられた仕事の質を上げることに集中しています。

(3) 一日の業務の流れをどう組み立てるか

発達障害の当事者が職場で直面する課題の一つに、作業の優先順位をいかにつけるかということがあると思います。私は当初はほとんど何もわからず、メンター（指導・助言）役の先輩社員がもってくる作業をひたすらこなすだけで精一杯でした。それから徐々に職場の雰囲気にも慣れ、仕事の手順を覚えるにつれ、今度は「どの業務を優先してやるか」ということが課題になりました。私の場合、ＴｏＤｏ（しなければならないこと）をiPad2の手書きアプリに書き出し、優先度の高い業務からこなすようにしていました。

基本的な考え方として、期限が決まっており、かつ重要な業務を優先してこなします。重要性は高いが期限が迫っていない業務、重要ではなく期限が決まっていない業務は後へ回すことにしています。それと、一日の仕事が終わる際には、翌日の仕事の流れをイメージして、不明な点があれば部署のマネージャーに相談するようにしています。こういったことを意識するようになってから、いたずらに混乱することはほとんどなくなりました。業務の流れを「見える化」して整理することで、スムーズに仕事に入れるメリットを感じています。

(4) 職場環境の変化にどう対応するか

私が以前勤めていた会社は人材派遣会社で、社員の異動や組織変更が頻繁にありました。最初はオフィス内での席の移動や組織変更があるたびに敏感に反応して、調子を崩してしまうこともありました。しかし、会社という組織に属して働いているわけですから、その変化に対して柔軟に対応する必要が出てきます。個人の都合より組織としての効率性や機動性が優先されるのは当たり前で、そこで自分の意見を押し通そうとすると周囲との関係がギクシャクしたものになってしまいます。

自らの立場を危うくする行動は控えるに越したことはありません。あるとき、上司との面談において私に対してアドバイスがありました。それは「変化に対してネガティブになるのではなく、むしろ『変化を楽しむ』気持ちで働くように」といった内容でした。それからは、会社組織は変化して当たり前だと考えるようにしました。また、管理職や役員ではないのですから、一介の社員にできることは限られてきます。「自分でコントロールできない変化に、心を惑わされない」ことも、会社で働くうえでは大切な心がけではないでしょうか。

(5) ミスが起こったときの対処方法

何かミスをしたら、ときに私たちはその責任を他人に求めようとします。それは自身で責任を負いたがらないからです。そうするほうが気持ちも楽ですし、みじめな思いもしなくて済みます。でも、本当にミスを糧に成長につなげたいのであれば、ミスから逃げてはいけないはずです。楽な方向へ向きがちだからこそ、あえて反対に自分がなぜミスしたかを考えてみる。事実と原因、それに対する解決策をノートに書いてみるのもよい方法ですし、パソコンのメモに残すのもよいかもしれません。しつこく、「なぜ」と自分に問いかけてみることです。自ら出したエラーは、自ら取り返す姿勢を保ち続けること。野球選手がエラーをしたら、勝利につながる打撃でチームに貢献するのと一緒です。プライベートではともかく、仕事で何回もミスするようでは周囲からの信頼を失ってしまいます。信頼は築き上げるのに時間がかかります。けれども、信頼を失うのには5分もあれば十分です。自分から出るエラーを完全になくすことはできませんが、少なくとも減らす努力を忘れない。ミスを素直に認め、改める態度を忘れないことが大事だと信じています。

(6) 専門知識をいかに身につけるか

目の前の仕事に対してベストを尽くすのは大切なことです。けれども、日々の業務をこなすだけではなく、業務に関連した知識の習得も必要だと感じるようになりました。現在の会社に入ってから1年が過ぎ、私に任せられる仕事の量・内容ともに増えてきました。そのことは本当にありがたく、依頼された部署から感謝の言葉をいただくと、「仕事をしていてよかった」と感じます。そしてより仕事の内容を理解し、社会人として成長するためにも、法律やITの知識を身につけたいと思います。具体的には、労働者派遣法やデータ入力の際に使用しているExcelのVBA（プログラム言語）を勉強して、仕事の理解とさらなる効率化に役立てたいと思います。

4. 最後に

当事者やその親御さんにぜひ知っていただきたいのは「あきらめない」姿勢を忘れないでほしいということです。私自身も2006年から2010年まで仕事に就くことができず、焦りが募って両親と衝突したこともありました。それでも、「必ず、自分を活かせる場所がある」と信じて、できる範囲で情報を集めたり、実際に行動することで将来につながる道を切り拓けました。発達障害と一口でいっても、当事者それぞれの事情は異なり、社会生活を送るうえでの困難の度合いが変わってくることは理解しています。私は働くことで社会で自分の果たす役割があることの喜びを知りました。多くの発達障害の人たちが「診断されてホッとした」と述べられていますが、中沢さんも例にもれず確定診断が出たときに安心したそうです。

コメント 5

中沢さんはご自分の特徴を客観的に把握されています。苦手な点としては「時間の把握が難しい」「過集中しすぎる」「聴覚過敏である」「フラッシュバックに悩まされることがある」ということですが、それらを工夫して対処されています。時間の把握に関しては、携帯電話のアラームを15〜30分おきに鳴るように設定したり、聴覚過敏については、音を遮断するイヤマフをされたり、逆に音楽を流すなどの工夫をされて不得手な音を制御しています。このように外部の音に敏感な人たちは音をまったく聞こえないようにするだけではなく、自分の好きな音楽を聴くことによって気分を落ち着かせる人もいます。

中沢さんはまた発達障害の人の就労支援機関で、職場で必要なマナーを学習されました。職場でのマナーは企業によって異なることもありますが、「必要以上にホウレンソウに時間をかけることは相手の働く時間を奪うことになる」などは、実際の現場で学習されたとても有効な経験だったのではないでしょうか。実際に特別支援学校などで「きちんと報告をする」ということを目標にしているところもありますが、それが報告癖のような形になってしまい、上司や同僚の仕事を中断してしまう例もあります。口頭でのやりとりが困難な場合は、メールでのやりとりをされるアスペルガー症候群の人も増えています。言葉は消えますが、メールであれば文字として残るため、後に出てくるナルヲ・ディープさんなどもとても有効だと述べられています。さらに、緊張が強くなる場合には他の人に代わってもらうなどは、今まで「頑張れ」と言われてきた発達障害の人たちにとって、「無理をしないでいいんだよ」と安心感を与えられたような気持ちになるのではないでしょうか。それ以外にも、「業務の流れを『見える化』する」「ミスを犯したら、すぐに解決法をノートに書いてみる」など、仕事上の課題を分析し、発達障害の人たちが学習しやすい仕事のマニュアルを自分で検討されているのは、ナルヲさんと通じるものがあります。

失敗しても「あきらめない」という姿勢は大いに評価できるのではないでしょうか。

❻……………ASD

手に余ることは、恥ずかしがらずに支援を求めよう

猫田とうこ（仮名）

1967年1月広島県生まれ。夫と猫2匹で埼玉県在住。自称「歌って踊ってギャグもかませる現代詩人」。感覚過敏で外出時にはマスクにサングラス、耳栓に帽子が欠かせない。
発達障害のイベント会場などで、そんなアヤシイ人物を見かけたら、それは私です。

私は現在45歳の専業主婦です。夫は私がアスペルガー症候群と二次障害としての気分変調症とパニック障害があると知ったうえで結婚しました。

私の母親は教員でしたので共働き家庭に育ちました。だから、自分も大学へ行き、卒業したら教員になるんだと漠然と考えていました。教員という職業は私にとってしんどくもあり、同時に楽しいと思えた仕事です。しかし同時に「仕事は生活のためにお金を稼ぐ手段」と、クールに割り切る部分ももつべきでしょう。特に、私たち発達障害者は、人間関係と同じく、仕事との適切な距離をとるのが困難なようにも思えるからです。発達障害者はワーカホリックになりやすい、

そしてとても疲れやすい。職場の人間関係に不要なエネルギーを使ってしまい、嫌気がさして長続きしないことがあります。教員の世界にも発達障害のある人は多いのです。教員の精神疾患も深刻な社会問題になっています。その何割かは、発達障害が根っこにあるケースが多いのではないでしょうか。基本的には仕事は生活のためにあると自分に言い聞かせながら、同時に好きであり向いていないと専門職に限らずどんな仕事でも長続きはしません。

発達障害者のみんながみんな高学歴であるわけでも、研究者や専門職に就けるわけでもありませんが、就労に悩む人たちはまず「自分の好きなこと、得意なこと、夢中になれることって何だろう」と自分に問いかけてみてください。

1. 資格の取得

学生時代英語を専攻していたせいもあり、語学は好きでした。アスペルガー症候群にもいろいろなタイプがあります。私はどちらかといえば言語優先タイプ。会話の中で意味のわからない概念や単語が出てくれば「別の言葉で何て言いますか」「具体的にはどう言いますか」とよく質問します。これは外国語習得にはよい方法です。別の表現も覚えられます。そして、外国語の検定に合格すればもちろん自信につながります。合格しなくても外国語を学ぶことは何よりコミュニケーションの訓練になります。

アスペルガー症候群の人の中には言葉に対する感覚が研ぎ澄まされている人がいるにもかかわらず、複数の人との会話になると、途端に頭が混乱をきたしてしまう人がいます。そんな人には語学学習をおススメします。ホントにきたえられますよ！

語学に限らず世の中にはいろいろな資格があります。その中から自分に向いていること、好きなこと、これだと思える資格取得にトライしてみる価値はあると思います。「自分はこれが得意」「こんな資格があります」となれば就労も具体的になるでしょう。就労支援を受けようとしても得意なことがあれば支援の段階も変わってくるのではないでしょうか。

2. 具体的な支援

就労とは「お金を稼ぐこと」です。そして「社会に出たら自立してナンボ」です。一方、発達障害は目に見えない障害です。当事者自身も、何が生活や仕事を続けていくうえで支障になっているのか自覚しにくいのでやっかいです。

たとえば女性の場合、基本的に毎月月経があります。私も月経前の排卵期あたりはわけもなくイライラします。無愛想で不機嫌になり、夫に「生理、近いの？」と指摘されてはじめて不定愁訴の原因に気づくといった状況。日中の気分変動も大波小波、天気、気圧、気温の影響も大きい。私は冬が苦手で、日が短くなるとたちまち過食・過眠がひどくなる「冬眠クマ状態」に陥ります。反対に夏の蒸し暑さに身体がにっちもさっちもいかなくなる人もいます。

なぜかやたら眠く空気がゼリーみたいに重いことがあります。身体も空気のゼリーを掻き分けて動いているみたい。このような症状が現れるとたいてい台風か低気圧が近づく前です。まさに、天候過敏症、人間天気予報です。

スケジュールの管理も困難です。メモ魔と化そうが、カレンダーに書き込もうが、不眠や疲労など脳に負担が大きくかかったときに起こるのでしょうが、ちょっとしたきっかけで時間の感覚が狂ってしまいます。二つのことを同時進行もできません。予定の変更もパニックのもとです。そんな実行機能のハンディキャップが支援の求めどころでありましょう。家族、友人、あるいは職場の上司・先輩・同僚にスケジュール管理や作業の優先順位の確認をサポートしてもらいましょう。自分でも多少うっとうしくなりますが、メモを取る許可をもらい声に出して反復しましょう。

スケジュール管理だけは、自分一人でしようと思わないこと。そんなことすら自分でできないなんて、卑屈になったり情けなくもなりますが、こればかりは一人で背負い込む必要はないです。一人で管理しようとすれば、かえって無責任な結果に終わることも多くあるのですから。スケジュール管理ができない、優先順位が決められない。それに特性の一つ、「先延ばし癖」が加わると職場ではまさに命取りです。遅刻が多い、仕事の期限を守れないなどは信用を失います。職場で一番してはいけないことでしょう。

そんな特性があるからこそ、早めの行動は大事です。携帯電話があるからと甘えずに、早め早めの行動を心がけましょう。私は友人と落ち合うとき、必ずメモ帳や文庫本を持っていきます。そうすれば相手が約束に遅れてもイライラせずにのんびり待っていられます。反対に、自分が遅刻しそうになったときには携帯メールで必ず連絡を入れます。

体調管理もしかり。天候過敏からの症状と同じく、物事や仕事に過集中するあまり、疲れに鈍感になる特性もあります。これが傍から見ればハラハラし通し、いつぶっ倒れるか、危なっかしくて見ていられないほどらしいのです。思い余って「疲れてるんじゃない？　休みなさい」と忠告しても当人は聞く耳もたず。身体の疲労すら自覚しにくいらしいのです。そしてますます頑張り続けた果てに、ある日あるとき突然マリオネットの糸が切れたように動けなくなるのです。「疲れているんじゃない？　休みなさい」などの周囲の心配は素直に受け入れましょう。この点は、同じ発達障害のある者同士、共通の特性のある仲間の支援をありがたく思います。共通するだけに説得力があるのです。

3. 行政サービス

発達障害者支援法が施行された後、具体的に目に見える形で何が変わったのでしょうか。障害者自立支援法の実施形態は各都道府県で違いが目立ちます。たとえば、私が広島で通院していた頃は診療費と投薬費の1割負担は各自治体が全額負担。診察と薬の費用は実質「無料」でした。兵庫県あるいは神戸市は、発達障害の診断だけで自治体が医療費と投薬費を全額負担と聞いた記憶もあります。

精神障害者保健福祉手帳があれば市バスも半額になります。公共施設の利用も無料あるいは半額になる場合があります。私はよく市営プールにスイミングに行きますが、東京都上野の国立博物館や西洋美術館をはじめ新宿御苑は付き添いの人も無料になります。夫と2人で上野公園や旅行先の観光施設でもよく使っています。タクシーや映画館も割引になります。

ただ、JRは精神障害者の割引はありません。半額あるいは割引にしてほしいと要望を出しているグループもあるようですが、まだ実現には至っていません。これはぜひ考えてほしいところです。

というのは、私たちはついつい外出がおっくうになりがちだからです。疲れやすさや感覚過敏もありますので、予防策として外出時は帽子にサングラス、耳栓、ときにはマスクをすることもあるため、怪しい人間と見られるかもしれません。それでも、人の多さにぐったりします。

なのに、「引きこもり」「家でうだうだ」するのにもうんざりするのです。わが家は決してきれいとはいえない家なので、なおさらどこかに行きたくもなる。「本屋に行かなきゃ」だの「ショッピングモールでウィンドウショッピングするとウォーキングになっていいわ」などと言い訳をして外に出て、ぐったり疲れ果てて帰宅するのがお約束……。

誰かと会ってしゃべる機会が少ないのは仕方がないかと割り切れます。以前のように、昼間一人で家にいると、やたら時間がすぎるのが遅いことに、焦りや取り残されたような恐怖を感じることはなくなりましたが、それでもたまにどこかへ出かけなければ「人間離れしてしまうのではないか」と焦りに襲われる。難儀なものです。

しかし、私のように結婚していて子どももいない、そして障害者年金をいただいている身ならよいのですが、独身やひとり暮らしの人たちにとって交通費は大きな負担になるでしょう。都内まで通勤する友人が愚痴を言っていました。「朝の通勤ラッシュだけで疲れ果てるんだから、交通費はかさむけどグリーン車で通っている」と。

通勤ラッシュの電車は私は未経験です。乗ったら最後、その後少なくとも一週間は生き腐れ使いものにならなくなるのが目に見えているからです。なかなか就労できずにいる人や引きこもりがちな人たちも交通費の負担が軽くなれば、少しずつでも外出する気が起きるのではないかと思います。実は私もですが、発達障害者にはやたら「乗り鉄」が多いのも事実なのです。

4. 医療・教育・福祉と企業の連携

私が卒業した高校や大学には、車いすを使う学生さんが入学するにあたり、エレベーターを設置しました。介護の助手もつくそうです。普通学級に通う発達障害のある学生さんにはどのような配慮があるのでしょう。卒業した大学に問い合わせてみたところ、チューター（担任制）を導入し、保健室とも連携し、相談やケアにあたっているとのこと。このように制度を設けている大学は増えつつあります。

もう一歩踏み込んで、学生相談室やチューター、学生部の職員が各自治体の支援センターと連携し、支援員が学生の就職面接に同行する、あるいは前もって企業に発達障害の特性を説明することがあってもよいのではないかと思います。もちろん、就職後も学校や支援センターが企業と当事者の橋渡しを継続するのも大切なことになるでしょう。

また、ハローワークや企業向けに発達障害についての講演会・研修会を開催するなど、私たち当事者がカミングアウトが困難という現状もふまえて、教育・福祉の方面からバックアップがあればどんなに心強いかと思います。

「ただの甘えにしかならないのでは?」という思いは私自身も根強くあります。しかし考えてみれば、定型発達の人たちですらうんざりするエントリーシートだの面接時の心構えだの、私たちにとってはよけい複雑怪奇。就職活動が早くから始まるのも、発達障害のある学生には大きなプレッシャーでしょう。卒業論文や卒業試験の準備、ふだんの講義とも並行して活動しなければならないのですから。

自分の好きなこと、得意なことには際限なく打ち込めるのに、世の中の常識にはおもしろいくらい疎い私たちです。もちろん就職はそれからの生活や人生に大きなウェイトを占めます。そのような状況であればこそ支援が必要になると思うのです。不思議なもので、当事者が発達障害をカミングアウトすれば、甘えや言い訳と否定されがちなのに、第三者が説明を行うと相手も納得する

◉キーワード　職場実習

発達障害者の就労支援者育成事業の中に、発達障害者に対する就労支援の知識の付与を行う「就労支援関係者講習」、在職中の発達障害者と就労支援者が求職中の発達障害者にアドバイスを行う「体験交流会」があります。この事業では、発達障害者の雇用経験がない事業主に対して、理解・啓発・雇用促進を目的として10日間程度の実習を行う「体験型啓発周知事業」があります。これは、事業所において行われる短期の職場実習となっています。

場合がよくあります。事前に説明し、相手にある程度の理解と知識があれば、当事者もトラブルを抱えたときやミスをしたときに援助を頼みやすいという利点にもなります。

5. 発達障害の人たちの集まる場所

児童・生徒・学生の発達障害はよく知られるようになりました。特別支援学校、小児科、あるいは民間の支援教室、親の会などその浸透ぶりには目を見張ります。その一方で、すでに成人した私たち大人の発達障害は見過ごされがちです。各都道府県や政令指定都市に設置されている発達障害者支援センターでも大人の発達障害者のミーティングが開かれるようにはなりました。すでに中年期になった私たちも発達障害という言葉すらなかった頃に学生時代を送り、社会人となり、曲がりなりにも何とか生活しています。

ソーシャルネットワークのオフ会で同じ特性や悩みのある友人たちが増えるにつれ、大人の発達障害のある人が気軽に集える場所があればと、そんな思いがどんどん深まっていきました。この思いは誰しももっているでしょう。東京に今まであまり顧みられることのなかった大人の発達障害のある人たちの集う場があり、当事者自身が運営にかかわっていますが、素晴らしいことです。このような場所が全国にどんどん広まっていけばいいなと心から願っています。

6. おわりに

人間という字が表すとおり、どんな人も人とのかかわりの中で生きています。身体的にも、精神的にもハンディキャップのある人たちだって同じことです。

ここ最近、私にはとても気がかりなことがあります。仕事をもち経済的に自立していても、精神的には自立しきれていない、そんな大人たちが増えているように見えるのです。私としては、そういった人たちに「障害に甘えている」と言われたくはない。どうも、経済的な自立が必ずしも精神的な独り立ちには直結しないらしい、という危うさを感じます。

私たちにも同じことがいえます。世代間で違いはあるけれどバブル世代は仕事も家庭も子育ても……と欲張りがちでした。そして何もかもを一人でこなすのが「カッコいい」「当たり前」という呪縛がいまだに強いのです。

このような息苦しい価値観はなくしていきたいものです。自分の手に余ることがあったら、素直に「できないので手を貸してください」と声をあげられるようにしたい。誰かに助けを求めることが「恥ずかしい」という風潮がはびこっています。本当に生きづらい世の中です。こんな空気をなくしていきたい。心からそう感じます。

今、私はガーデニングに夢中です。庭をデザインし、シェルフをＤＩＹで組み立て、空き缶をペイントしては花を植え、花が咲けばフラワーアレンジメントに挑戦しています。水や土、風や光を感じながら作業をしていると、嫌なこともしばし忘れます。

「老後はさぁ、ウチでみんな一緒に暮らそうよ。庭仕事したり、裁縫したり、絵を描いたり。お互いのスペースはちゃんと確保して、助け合って住むのもいいよね」。

親しい女同士こんな話題で盛り上がります。それを聞いた夫は「俺が先に死ぬという前提かい？」と、ふてくされておりますが。

私たちはそれぞれできる範囲で自助努力を続けます。そのうえで、支援してくださる人たちにお願いがあるのです。今まで何度も書いてきたように、私たちは自らカミングアウトしても理解されず、誤解ばかり受けてしまっています。だから、私たちと定型発達の人たちとの橋渡し、通訳をしていただければとてもうれしいのです。

もう一つ、発達障害の特性について、情報収集は得意な私たちですが、いざ集めた情報を活用するとなるとどうも不器用です。学業や資格、就労に関して自分が得た情報をどうやって生かすかという、そのノウハウを教えてほしいと思います。

東日本大震災と津波、原発事故を受け、追い討ちをかけるように、経済も先行き不安定な状態です。新しい価値観にシフトするのではないかという希望もありますが、このように社会が混乱しているときに、真っ先にしわ寄せを食うのが障害者を含む社会的弱者です。だからこそ、私たちは自らも努力しながら発達障害のある立場で、堂々と支援を求めていきましょう。２０１１年8月4日の朝日新聞に、「被災地の障害者　北欧留学へ招待」という記事が載っていました。

デンマークのオザー市にある寄宿生フリースクール「エグモント・ホイスコーレン」が東日本大震災で被災した障害者を、２０１２年1月から半年間の留学に招待するとのこと。１５０人の生徒のうち、約70人が何らかの障害がある生徒だそうです。「被災地や日本における障害者教育のあり方や障害者の自立について、考える機会にしてほしい」と関係者は話しています。こんな支援にも、感謝の気持ちでいっぱいになります。

これから就労をめざす若い人たちはこういう機会をどんどん活用してください。このデンマークの学校のように支援を申し出てくれる人たちはたくさんいます。

今の私はつらい症状や二次障害もありますが、自分自身を「けっこう、いいヤツじゃん」と思えるときが増えました。これもきっと私を理解しようとし、ときにケンカもし、つかず離れず発達障害の特性をちょっぴり迷惑がりながらもおもしろがってくれる夫をはじめ、友人たちやいろいろな人たちの支援があったからこそだと思います。

コメント 6

猫田さんは現在専業主婦であり就労はしていませんが、就労に対する意欲はあります。しかしながら、なかなかうまくいきませんでした。そのような経験から、「自分の好きなこと、得意なこと、夢中になれること」を再度確認することを主張されています。そして資格を取得することを進めています。資格取得に関しては、「アスペルガー症候群の人には資格マニアが多いが、就職に結びついていない」という反論もありますが、猫田さんの場合は外国語だったため、コミュニケーションの訓練になりました。

また、猫田さんは「人に援助を受けること」の重要性を述べられています。発達障害の人にはスケジュール管理を自分一人で行おうとせず、家族、友人、職場の上司・先輩・同僚にサポートしてもらうことを勧めています。ここは大変おもしろいところで、一般にスケジュール管理くらいは自分でできるようにしろといわれることが多いと思いますが、発達障害の人には実行機能におけるハンディキャップがあるのですから、このようなところに援助を受けることを遠慮する必要はないのです。

発達障害のある人自身の努力は確かに必要です。しかし、努力だけで解決するのであれば障害とは呼ばれないでしょう。人に援助を受けることは決して恥ずかしいことではありません。援助を受けて自立をめざすことも意味のあることです。

⑦……………ASD

センターの支援で生活は好転。成人発達障害の支援機関・支援者をもっと増やして！

歌織（仮名）

1970年代前半生まれのPDD-NOS当事者です。趣味は音楽鑑賞と読書（ミステリー小説と西洋史中心）です。障害をクローズにしての一般就労を経た後、2011年4月より障害者雇用枠で就労を続けています。ASDとADHDの両方の特性をもっています。

これは、私が一般枠で就労していたときのお話です。大学では教育学部の教員免許を取らなくても卒業できるコースで英語を勉強していました。26歳のときまで、自分の意見を受け入れられないと「何で？」と悩んだり、親しい相手の前では怒ってしまう自己中心的な人間でした。他人の気持ちを考えて行動するという人間として大切なことの一つができませんでした。そのわりには、友だちをほしがる気持ちだけは強く、学科でもサークルでも浮いていて悩んでいました。

大学2年生のときに小さな学習塾でアルバイトをしていましたが、クラスをまとめる力量は全然ありませんでした。生徒からひどい言葉で馬鹿にされたのをきっかけに、ウィスキーを大量に飲んで自殺未遂を図りました。当時は精神科に行くことに抵抗を感じ、大学の保健センターに相談したのですが、納得のいくアドバイスはまったく得られませんでした。また1年後に英語圏の国に1か月ホームステイに行ったのですが、語学学校の日本人女性の中では浮いていました。本当は周囲の人と仲よくしたいのに、なぜ自分だけできないのかひどく悩んでいました。

そんなこともあり、大学4年生のときには、就職恐怖症となり、就職活動をすることができませんでした。

1. 離職要因

(1) 対人接触の問題（発達障害を知る前）

大学卒業後は国際文化系の2年制の学校に進学しました。2年制の学校では実学的な勉強ができなかったので、通信教育で大手翻訳会社の翻訳コースの講座を受講していました。人との接触が怖かったので、在宅の仕事をしたかったからです。8か月後に、店員が1店舗1人のコンビニでバイトを始めました。コンビニは覚えることが多くて大変でしたが、慣れると一緒に仕事をする人がいなくて対人関係面では楽でした。2年次に就職活動を少ししたのですが、いずれも不採用でした。就職先未決定のまま24歳で卒業しました。

①1社目

25歳のときにIT企業での翻訳の仕事に就きました。仕事は英語力を生かせるやりがいのある仕事でしたが、女性同僚との人間関係が苦痛でした。

隣の席にAさんという女性がいましたが、Aさんは他の人とは仲よくつき合うけれど、私が声をかけてもそっけなくされるので、毎日Aさんとのことで悩んでいました。まもなくして、別の部署のBさんと同じ部署のCさんという女性と仲よくなりました。勤務時間中にある程度の私用メールができる会社だったので、Bさんと仲よくなりたいと思い、Bさんが仕事で忙しいのに立場を考えずに私用メールを送っていました。やがて、Bさんから「あなたを見ているとイライラする」と言われました。感情を抑えていればよかったのですが、感情的になって言い返し、傷つけてしまいました。もちろんその後謝罪はしましたが、そのことがCさんに知られて、最初は仲がよかったCさんが急に態度を変えて私をいじめるようになりました。Cさんのいじめに耐えられず、1年半も経たないうちに退職しました。

②2社目

1社目のIT企業に就労中からプログラミングに興味をもち、プログラミングの技術を身につけて、結婚できなくても自立したいと思いました。1社目を退職してから半年後に、小さなソフトウェア開発会社の社長と知り合い、採用が内定しました。1社目ではプログラミングの経験がなかったので、未経験者でも技術を身につけられるのが魅力でした。また他に女性社員がいなかったので、人間関係面ではとても楽でした。しかし、プログラマーとしての素質がありませんでした。プログラムを読んでも流れがなかなか頭に入らないのです。社長は長い目で見てくれる人だったので、この会社には3年半留まることができました。しかし、指示を理解することができませんでした。社長は口頭でAという指示を出してからBという指示に変えて、またAという指示に戻すことがよくありました。また社長の口頭説明が長く、メモを取るのが間に合いませんでした。私は長い指示を聞き取るのが苦手で、口頭よりメールの指示のほうがはるかにわかりやすいです。

この会社ではミスの多さ、適性のなさでつまずきました。指示の聞きもらしで間違ったことをするたびに社長に叱られ、社長の期待に応えられず申し訳なく思っていました。「歌織さんのミスは先天的なものだと思う。でも直すように努力しなさい」と言われたこともあります。自己嫌悪とうつ状態がひどくなって、職場のトイレでリストカットをしたことが何回もありました。

3年目の夏に冬用のフリースジャケットを羽織っても身体の芯から寒気がする症状が起きました。自律神経の乱れだったと思います。また「うつ病の一歩手前」と当時の主治医から言われました。とうとう時給社員に格下げとなり「プログラマーには向いてないと思う。精神的に不安定だ」と言われて退職勧奨され、30歳の秋に退職しました。

アスペルガー症候群やADHDという障害名を知ったのは2番目の会社に在職中でした。その会社を退職して無職になってから最初の診断を受けたのですが、当時の診断は「ADDの可能性が高い」でした。7年後に同じ専門医のところに再診に行ってからASD（自閉症スペクトラム障害）の一種であるPDD−NOS（特定不能の広汎性発達障害）と診断を受けました。診断されてうれし涙が出そうになりました。人間関係がうまくいかなかったのは、自分の性格の問題でどう改善してよいかわからずひどく悩んでいたからです。

(2) 向いていなかった仕事

①数値照合（8か月）

パートで数値照合の仕事をしたことがあります。郵便番号や固定電話の番号などと違って規則性がなく単調な作業でした。その職場は同年代の女性が多く、勤務時間中に女性同士のおしゃべりがあると、関心が雑談のほうに向いてしまって仕事に集中できなくなりました。この職場では検査者が氏名を書くと照合完了したものと判断されました。私はそのことを聞いていなくて、先に名前を書いて、照合途中で定時になったので帰ったことがあります。後で正社員の人が顧客に納入したところ、「ちゃんと照合されていない」と苦情があり、照合ミスをした私は解雇となりました。照合途中と書いていなかった私が悪かったのですが、指示は事前にしてほしかったです。

診断を受けた後、ある支援者にWAISという成人式知能検査の結果を見せたことがあります。その支援者は「照合の仕事が苦手では?」と指摘してくれました。目からうろこが落ちました。私はWAISの検査で桁数の多い数字を覚えるのが苦手だったことがわかったからです。

②介護職員(トータルで5か月)

2007年に勤めていた職場(清掃業)に、アルツハイマー型認知症の家族の介護をしていた50歳代の女性がいて、介護の苦労話を聞きました。もともとお年寄りが好きだったので、親から必要とされていない分、家族の介護で悩んでいる人の役に立ちたいという気持ちが強くなりました。

清掃業を辞めたのをきっかけに、短い期間でしたが介護の仕事(日勤のみ)を経験しました。最初に働いたのは比較的規模が大きい施設Aで、資格がなくても未経験でも採用してくれるところでした。2番目は規模の小さい施設Bで2か月と少しの間、働かせていただきました。しかし、視覚的短期記憶に弱いため、利用者さんの動きを動画の撮影のように記憶に焼きつけることができませんでした。また注意の分散が苦手で、一つの仕事をしながら複数の利用者さんの見守りをするのが苦手でした。施設Aは社会福祉法人が経営するところで、1棟に20名以上の高齢者が入所していました。新人職員は先輩から研修を受けることになっていました。上司の動作をうまく再現したり話を聞き取ったりすることができず、上司からは「何度も説明しましたよね」とよく言われました。研修日誌には「注意の散漫が見られます」と指摘されたことがありました。先輩職員たちからは「ボーっとしています」「一つのことに集中すると周りが見えなくなるので気をつけてください」などと研修日誌で指摘を受けました。研修が始まって2か月経っても一部の利用者さんのトイレ介助や入浴介助がまともにできず、3か月で契約打ち切りとなりました。

(3) 発達障害をカミングアウト

実は発達障害だということをオープンにしたかったのですが、言い訳だと誤解されたくなくて言えませんでした。施設Aは大勢の利用者さんのADLを把握しなければいけなかったので「大きい施設は向いていないけれど、小さい施設ならまだやっていけるかもしれない」と思い、PDD－NOSの確定診断を受けた後、2010年3月にヘルパー2級の資格を取って、小規模施設Bに就職しました。しかし、実際は施設Bのほうが大変でした。大きい介護施設よりも小さい介護施設のほうが職員同士の人間関係が密になります。入ったばかりのときトイレ介助で判断ミスをして、同年代のベテラン職員から「意識が低い」「努力を全然していない」とひどく叱られました。仕事覚えが悪く、また施設Aの頃と同様の失敗をしてしまい、先輩職員の一部から叱られてばかりいました。施設Bでは早番、日勤、遅番、夜勤の4つのシフトがありました。日勤者が夜勤者から申し送りを受けるのですが、私が日勤のときには夜勤だった先輩職員にまったく仕事の引き継ぎをしてもらえず、無視されました。施設長からも利用者さんへの声かけでしばしば注意されていました。

障害を隠したままでは、施設長や先輩職員のストレスがたまるといけないと思い、2010年の5月下旬に施設長に、発達障害（アスペルガー症候群）だということをカミングアウトしました。施設長は、発達障害という名前は聞いたことがあるけれど、アスペルガー症候群は聞いたことがないと言っていました。また、発達障害は子どもの病気だと誤解していました。カミングアウトをした後は、夜勤免除となり、対応の難しい利用者さんの担当は免除してもらうことになりました。先輩職員からもガミガミ注意されることは少なくなりました。申し送りのときに無視されるのは相変わらずでしたが、36歳を過ぎてから仕事を選べず、また、対応が難しくない利用者さんたちと接するのは楽しかったので耐えようと思っていました。働き始めて2か月後に、施設長から「歌織さんは人としては信頼できるけれど、仕事では信頼できない」と言われ、施設Bの系列病院の洗濯の仕事に配置換えになりました。洗濯の仕事ではベテランの女性1人がついていて、同時に複数のことをしなくてよかったので、介護の仕事と比べると精神的に楽になりました。しかし、業務用洗濯機の操作を間違えたり、細かいミスをしてしまったりして、洗濯の仕事も1か月で契約打ち切りとなりました。

施設Bと系列病院の就労は失敗しましたが、カミングアウトしたことによって収穫もありました。施設長がカミングアウトをきっかけに、アスペルガー関連のテレビ番組を見るようになったのです。

また、速さと正確さを求める仕事では「早く仕事をしよう」と焦るあまりに抜けが出てしまい、とても苦手です。30歳代前半に、人材派遣会社の求人に数社、応募しました。しかし文字入力と数値入力のテストで速度が遅く（文字入力は人並みよりやや遅い程度ですが、テンキー入力は実務経験があまりなく苦手です）派遣の事務の仕事にすら採用してもらえませんでした。

(4) 比較的合っていた仕事

しかし、向いていない仕事ばかりではありません。30歳代前半のときには、土地家屋調査士の事務所でアルバイトとして働いたことがあります。当時は、午前中は少し憂鬱で身体がだるいけれど、昼過ぎになると元気になる状態が続いていました。在宅勤務が大半で、事務所の女性社員と過ごす時間が短かったのです。また、仕事内容が顧客先（1000件以上）の会社名、住所、電話番号の入力およびラベル化の作業でした。人名や地名には興味があり、電話番号には規則性があったので、仕事にも集中できました。この仕事は入力スピードをあまり求められず、以前のパソコン関係の職歴を生かせて、1年以上続きました。

その他に比較的向いていたのは、マイペースで仕事ができる店舗での掃除でした。清掃スタッフが1店舗1人だけで、同僚と顔を合わせるのが交代の時間だけでした。店員さんとは控え室が別で、人間関係のストレスがあまりなかったので2年続けられました。またお客様には礼儀正しく接することができ、時折ごく一部のお客様から話しかけられました。発達障害者にはマイペースでできる掃除の仕事は向いていると思います。しかし、ホテルの客室掃除の仕事は合いませんでした。早く、正確に、時間内にきっちり仕事をしなければならないからです。ていねいに仕事をすると間に合わず、焦って早く仕事をすると抜けが出て何度も注意を受けました。また、いじわるな先輩女性と組まされて嫌な思いをしたので、1か月で辞めました。

その他、説明がうまくできないためにパワーハラスメントにあい、4か月で辞めたアルバイト先もありました。

2. 就職に関してどのような支援、サポートがあればよかったか

(1) 就労前にほしかったサポート

20歳代半ばまでパニックや怒りのコントロールがうまくできませんでした。

怒りやパニックのコントロール方法や発達障害者向けのSST（ソーシャル・スキル・トレー

ニング）を教わりたかったです。具体的には、職場の人との距離の取り方やビジネスマナーなどです。その他には、友だちを多くほしがる気持ちを抑える方法や、苦手な人との会話の仕方などのノウハウを教えてほしかったです。

(2) 企業に求めること

①対人接触

ＩＴ企業で翻訳の仕事をしていたときには、隣の席の女性Ａさんのことがすごく気になっていたので、デスクを仕切るブースがほしかったです。Ａさんとのことで悩んでいたときに、当時の上司に事情を話して席替えをお願いしたのですが断られました。また、数値照合の仕事でも、他人の雑談に興味をもってしまい、気を取られて仕事に集中できなくなりました。雑談を拾いたくないのに拾ってしまうのです。私が今までの就労で一番つらかったことです。デスクをブースなどで仕切っていただく配慮はほしかったです。あくまでも私個人の希望ですが。

また、ＡＳＤの女性は、私のように休憩時間を一人で過ごしたいという人が少なからずいると思うので、職場内で休憩時間中のプライベートスペースの確保（デスクの仕切り）はとても必要だと思います。

②仕事の指示

口頭での指示を聞き取るのが苦手なので、一度に多くを言わないで、一つの仕事の指示を終えてから次の仕事の指示というふうにしていただきたいです。また、私の場合は長い口頭指示を聞き取るのが苦手なので、メール指示のほうが助かります。

また、立場の同じ上司が2人いて、2人の指示が違うと混乱してしまいます。指示はできるだけ統一された形で、また、どちらの指示を優先すべきか具体的に教えてほしいです。

③フラッシュバックへの配慮

2番目の会社にいたときに、最初の会社で受けたCさんからのいじめのフラッシュバックに苦しみました。ASD特有のフラッシュバックが勤務時間中に起こると、仕事に集中できなくなります。フラッシュバックが収まるまで服薬して仕事を一旦休ませるなどの心のケアをしていただければと思います。

④集中力の途切れ対策

私は不注意優勢型のADHDもあり、長時間集中力を要する仕事だと、集中力が落ちるときと過集中になるときの波が激しいのです。集中力が落ちてなかなか回復しないときには、他の人よりも時給が安くてもいいので3分でも頭を休める時間がほしいです。

(3) 早期診断の必要性

多くの中途診断者が言うように、早期のうちに診断を受けたかったです。学生時代にASDとわかっていれば、苦手な人と無理に友だちになろうとしないなど、対人トラブルへも対処できたと思います。先述のAさんのことでも、障害がわかっていれば「私は生まれつき対人コミュニケーションが苦手だから、私だけそっけなくされても仕方ない」と割り切れて、精神的に苦しい思いをしないで済みました。

(4) 学生時代から就労前に一番必要なサポート

診断より重要なのがWAISの結果だと思います。就労前に、WAISを解釈できる支援者と出会って適職を選びたかったです。現在では、新しい仕事選びをするときは診断時のWAISの結果を参考にしています。

3. 就労に関しての医療や教育、福祉、余暇などの関係

(1) 医療面

医学部で発達障害に関する授業を必須にして、できるだけ多くの精神科医に発達障害の診断ができるようにしてほしいと思います。なぜなら誤診の恐れがあるからです。私は20歳代後半にうつ状態と精神不安定がひどかったときに、抗うつ剤のアナフラニールやパーキンソン病の薬を処方されたことがありました。勤務時間中にフラフラになり、仕事に支障が出ました。ですから、発達障害の診断は専門知識のある臨床心理士などもできるようにしてほしいと思います。

(2) 教育面

発達障害の疑いのあるお子さんすべてにサポートブックをつけることを強化してほしいと思います。ＷＡＩＳの結果を見て強く思ったのが、得意・不得意を明らかにする目安です。これは私が一番強く希望することです。

(3) 教育面—実学的な学科への進路指導

支援者の間でみすごされがちなのは、発達障害のある中学生・高校生への進路指導だと思います。勉強は嫌いだけど基礎学力があるお子さんでしたら、簿記やパソコンの資格が取れる商業科、手先が不器用でなければ工業科へ進学して、就職してから役立つ勉強を身につけるといいと思います。大学や専門学校では、文系分野では文学、歴史など、就職してから役に立たない分野は個人的にあまりお勧めできません。文系の高校生なら、商学部、経営情報学部、心理学科、福祉学科など、資格が取れて実務に役立つ学科への進学を勧めます。また、法学部だと、法律を生かせる仕事に就けなくても、何らかの被害にあったときに法律の知識があれば役立つのでよいと思います。

(4) 福祉面

2010年から、私は地域療育センターの支援を受けています。支援を受けなかった頃と比べると生活は劇的に好転しました。発達障害特有の悩みを支援者に相談できるようになりました。支援者には大変お世話になっています。もちろん、支援者に何でも頼ると自立できない人間になってしまうので、仕事などは当事者の工夫を取り入れたりして、セルフサポートをしています。

支援機関は欠かせないものですが、少し疑問に思うことがあります。支援者は知的障害を伴う自閉症の人たちの療育を長年行っていた人が多く、当事者をやや子ども扱いしていると感じることです。私が住んでいる県にもようやく成人の発達障害者への支援機関が増えましたが、もっと支援者を増員してほしいと思います。福祉関係の支援者を増やしてほしい理由がもう一つあります。支援者と当事者にも相性が合う、合わないなどの問題があります。ある支援者から「障害者雇用枠の就労も特例子会社も無理だ」と私の人格を否定されてひどく傷ついたことがあるからです。

(5) 余暇

仕事だけだと息が詰まってしまうので、仕事以外の人たちとの交流が息抜きになります。そして、定型発達者と比べて視野が狭くなりがちなASD障害者の世界を広げてくれます。昨年は知的障害者向けの就労継続支援B型施設でボランティアをしました。詳しくは『専門医に聞くアスペルガー症候群』（日本文芸社）に載っていますので割愛します。

私が行って楽しかったボランティアを一つ紹介します。児童養護施設の学習ボランティアでした。親御さんがいないために塾などに行けない子どもたちの役に立ちたかったからです。私が担当したのは、当時中学3年生のユウナさん（仮名）でした。ユウナさんは明るく、勉強に対して意欲的で、おしゃべりも楽しみました。苦手な数学も基礎から教えるとどんどん伸びていきました。ユウナさんの学習ボランティアを担当していた2009年度はついてない年で精神的にへこむことが多かったのですが、学習ボランティアのときは、嫌なことを忘れて楽しく過ごせました。

現在は、発達障害当事者向けの学習会と理解・啓発活動を行っている任意団体でパソコン関係の仕事をボランティアでしています。発達障害を知らなかったために、私は多くの時間を無駄にして悩み苦しみました。またそのために、どれだけ多くの人に迷惑をかけたかわかりません。世間にもっと発達障害への理解が深まれば、発達障害者が生きやすくなるだけでなく、定型発達者も発達障害者がなぜ特定の分野が極端に苦手なのかわかって、対応しやすくなると思います。

これからは「苦手なことは努力だけでは治せないけれど、得意なことを任せれば定型発達者よりもすぐれた能力を発揮できることがあります。それが発達障害の特性です」ということを伝えていきたいです。

コメント 7

歌織さんは国立大学の教育学部を卒業された優秀な方なのですが、人と接触するのが苦手でした。また、アルバイト先の塾の生徒の暴言で自殺未遂をされるような傷つきやすい性格でもありました。このようにＡＳＤの人たちは、能力は高いものの対人関係が苦手なために、人とかかわる仕事に就きにくい人が数多くいらっしゃいます。

歌織さんは大学卒業後に再度別の学校へ進学し、そのかたわら通信教育で翻訳の勉強をされました。その結果、英語力は少し向上し就職できたものの、やはり対人関係、とりわけ女性同士の関係がうまくいかず、離職という結果になってしまいました。ＡＳＤの人の離職理由の8割以上がソフトスキルといわれているように、お昼休みの女性同士の会話が苦手な人は多いようです。そのため、『こんなサポートがあれば！2』の山田礼子さん同様、お昼ご飯をトイレや個室などで食べているというＡＳＤの女性は多いようです。

　歌織さんの場合は、次の会社でプログラマーとして採用されましたが、今度は仕事そのものがうまくできないために、体調を崩し退職され、そこでようやく発達障害の診断を受けることになります。発達障害の診断を受けたことは、多くの発達障害の人たちが述べているように「うれし涙」が出たとのこと。つまり、診断されることにより、今まで失敗したりできなかったことが自分の性格や能力というよりも発達障害が原因であることがわかって、安心感につながったのでしょう。

　ところが、その後の職場でもなかなか自分が発達障害であることをカミングアウトできないために、ミスジョブマッチングが続き、どの仕事もうまく定着できませんでした。ようやく、元上司にカミングアウトをした結果、配置換えをしてもらっただけではなく、その上司が発達障害のことを知ろうとしてくれたことはとても大きな成果だったと考えられます。

　歌織さんが最後に述べられているように、一人で何もかも解決しようとせずに、支援者の援助を受けるということはとても有効なことだと思います。ただ、支援者側は発達障害当事者に上から目線で、子ども扱いすることもあるようなので、この点は改善していかなければならないでしょう。

❽……………ASD

将来のためにも、中高年者を支援対象から排除しないで

そーつ（仮名）

1958年、大阪市内に生まれる。46歳のときに「自閉傾向、ADHD傾向あり」との診断。同時期に長女も発達障害を診断される。現在、無職。横浜市内在住。夫（未診断だが自閉症スペクトラムを自認）と長女の3人家族。

私は教師になろうと思い、大学に進学しました。これは、「教師になりたい！」というはっきりした希望があったわけではなく、「公務員なら安定している」という理由からです。受験する学科も、「理科がきらい」だったので音楽科を選びました。さらに就職活動でも、履歴書での効果的なアピールの仕方や面接の受け方など、出産後に受けた再就職のための講座でようやく学びました。こんな調子ですから、学習障害による自分の特性を意識して考え始めたのは30歳過ぎ、そして発達障害と診断されたのは46歳のときでした。

1. 就労前、何に困ったか

(1) 安定している職業として教師をめざす

神奈川県のわりあいのどかな地域の中学校を卒業した私は、「田舎の優等生」だったので学区内の進学校へ入学しました。そこでは、98％くらいの人が「卒業後すぐには就職せずに進学する」環境だったため、職業について本格的に考えるのは先のこととなっていました。なんとか「行けそうな大学にすべりこむ」ということしか考えていませんでした。もちろん「本格的に」考えてはいなかったにしても、志望大学・学部・学科くらいは考えなくてはいけない、最低限の方向性は決めなくてはいけないと思っていました。

今から考えると、すごく消極的な選択だったと思うのですが、「男女平等な職場」「安定的雇用先」くらいの考えで教師になろうと思いたったのです。さらに、5教科受験が国公立大学の必須条件であったのですが、どうしても「理科」を受験科目にするのが嫌だったために、はるか昔に習っていたピアノを思い出し「音楽科」を受験することを思いつきました。家庭の経済的問題から、国公立の大学が望ましいことくらいは理解していました。ただ、「音楽」で受験といっても、指はよろよろとしか動かないし（ブランクのせいだけではない）、ピアノのレッスンだけでなく、声楽の初歩と楽典（音楽学習の理論的部分）、さらには聴音（音を聴いて、音の高さや長さを音符に書き表す）などについても準備しなければなりませんでした。しかし、苦手な理科を学習する代わりに「ピアノを弾いていても受験勉強」というのは大変魅力的でした。

理科はパスしても「数学」は受験科目としていたのには理由があります。私は「算数」が苦手で「数学」のほうがマシだと考えていたからです。これも今から考えると、発達障害的な特徴を示していたのではないかと思います。「理科」は、暗記事項と公式を用いての算数的計算がこのうえなく苦痛だったのですが、数学は中学までは困った科目ではありませんでした。高校入学以来「授業についていく」のは最初の1か月ほどであきらめましたが、受験先の「数学」は、教科書をクリアできていれば合格ラインでした。高校の授業は受験問題集をどんどん解いていかなければついていけないレベルでした。教科書レベルができても、まったく授業にはついていけませんでした。

途中は省略しますが、ひととおりの努力の末に何とか教員養成課程の大学に進むことができました。しかし、喜ぶべきか悲しむべきか、合格したのは「音楽科」ではなく「美術科」でした。後になって考えてみると「美術科」で正解だったのですが、「音楽科」受験のためのレッスン料は無駄となってしまいました。いや、学んだことは無駄ではなかったと思いますが。

(2) ノウハウのなさ、世間知のなさ

さて、教員養成課程というところは「教員にならざるものは、人にあらず」といった雰囲気があり、「教員以外」の就職先とそれに対応した就職活動をしている人が大変に少ない状況でした。私も教員以外の就職先について考えられませんでしたし、それ以外の就職活動がどのようなものかも考えようがありませんでした。そのため失敗してから「どうしよう……」と途方に暮れたところで、後の祭りでした。世間の「就職シーズン」はほとんど終わっているということもよくわかっていませんでした。

教職課程は、履修すべき単位数・科目数が多かったことも、そのときにならなければ気づくことができませんでした。大学というところは、漠然と「得意な分野だけ」を学べると思い込んでいたのです。

就職する前に、「卒業」しなければなりません。そして「卒業の要件」として「教員免許取得」のための単位を修めなければ卒業はできないのです。「もう、免許はいらないから卒業だけしたい」と途中から考えても、教育学部ではそんな道は存在していなかったのです。教師になろうとなるまいと、入学試験時に「小学校教員養成課程」を選んでしまった時点で小学校で教えるべきすべての科目が必修となり、自分が勝手に思い描いていた「専門分野だけ学べる」という幻想は打ち

砕かれ、自宅から片道2時間の通学にくたびれてしまっていたのでした。

その結果、片道2時間の通学で「遅刻」「起きられずに欠席」となり、当然単位は落とし、4年で卒業できないということが3年生の段階でわかりました。学費を出すのは親なので、4年間で卒業できないと知られると「学費はもう出さないから、やめてしまえ!」といわれ慌てる始末でした。そこで、大学をやめるのではなく「休む」という手続きをとることになりました。

休んで何をするかは、「もう出さない」といわれた「学費」(当時年間9万8000円)を貯めなくては復学できないので、アルバイトを始めることにしました。ファミリーレストランのウェイトレスや、家具や鍋を売るフロアで働いたり、本屋のレジに立ったりしましたが、販売業にはあまり向いていないらしいことだけはわかりました。自分についての知識が乏しかったのです。

(3) 教育実習で気づいた自分の特性

1年半後に復学し、なんとか卒業に近づき、教育実習の季節がやってきました。小学校に4週間、中学校に2週間。母校で実習することができたので、片道2時間の大学に通うよりは楽なはずでしたが(小中どちらも徒歩圏)、大学に通うときは「学生」、教育実習先では「実習生とはいえ『センセイ』」なのです。遅刻も欠席も「学生」は、自分だけの不利益で済みますが、「実習生」となるとそうはいきません。遅くとも始業の30分から1時間前には学校にいなければなりません。学生だったときに遅刻し放題だったこととは大変な違いです。それだけでも緊張しました。「仕事」に関する責任感はありました。実習の準備やまとめなど、毎日うちに帰ってからなすべきことも多く、睡眠時間はすぐに足りなくなりました。そこで、また新たな問題がもちあがったのです。

生徒はかわいいのですが、寝不足の状態では動きの激しい「生き物」が常に視界に入ってくるということが苦痛でしたし、子ども特有の声の高さなども私をつらい目に合わせました。さらに、子どもたちの後ろには、もれなく「保護者」がいます。その対応にも憂慮しました。職場の他の先生に対しても、きちんとつき合えるか不安を覚えました。そんなことに「教育実習」で気がついて、採用試験に合格できるわけはありません。技術的なことだけでも「文字を書くこと」について大いに困難を抱えていたため、「板書」や「履歴書」をはじめとする「書類」に難渋しました。

私の年齢でキーボード操作のほうがマシだと思うのは、少数派なのでしょうか。まだ単機能のワープロ専用機の時代から、私はキーボードにとびついていました。手書きの文字は、ていねいに書いても小学生（それも低学年）並みで、罫線や枠があっても、列や行がかたむいたり、まがったり、枠からはみだしたりしていました。

高校がある程度就職率の高いところであったら、職業選択時の資料となる「適性検査」や、化粧品会社から派遣される美容部員さんによる「メイクアップ講座」など、就職に対する具体的な準備や心構えが早めにできたかもしれません。「田舎の優等生」で就職は大学卒業後と先送りされていましたし、進学先の検討・戦略に関しても「生徒の自主性を重んじる校風」だったため、自分だけの「思い込み」という狭い視野でしか考えることができませんでした。すべては、問題に直面するまで気づくことができなかったのです。

自分の適性・特性についても具体的に検討することは30歳過ぎまでなく、さらに発達障害の診断はそこから十数年あとの46歳のときだったため、特性をふまえて臨むべき、「職業的自立」にはいまだ多くの課題を抱えたままの状態です。

高齢・障害・求職者雇用支援機構の障害者職業センターでも相談しましたが、「ＩＱが高いから障害者雇用枠でなくていいでしょう」「それだけのＩＱでなにが不足なの?」といった対応をされ、発達障害の特性からの不具合に関しては顧みられることはありませんでした。支援につながらない「相談」は、まったく役に立たないとはいいませんが、とてもむなしい気持ちでした。

(4) 女性であることに不慣れ

奇異に感じられるかもしれませんが、多数派の女性が当たり前のようにこなしている日常生活のこまごまとしたことに困難をおぼえることも少なくありません。発達障害を知る前は、思春期以降、ほとんど母親（同性の親）と暮らすことがなかったせいで「女性であることに不慣れな娘」に育ってしまったと考えていましたが、それだけではなかったのです。合理的な理由なく旧来の

「女性らしさ」を求められることにとてつもなく反発を覚えるのですが、私の外見は「女性にしか見えない」ために、その点についても困っていましたし、実は今も困っているのです。

私は、子どもが3歳になろうとする頃に受けた「女性のための再就職講座」まで「就労についての具体的な戦略」を一切もっていませんでした。制服がないときに何を着ればよいか、また化粧についても職場ごとに違うイメージが求められ、履歴書の中のアピールポイントも提出先ごとに変えるべきだとはじめて知りました。ノウハウなし、戦略なしの就職活動は武器をもたぬまま戦場に放り込まれることに等しく、今となって結果の出しようがなかったと振り返ることができます。

(5) どのような理由で離職したか

最初の職場を離れたときは、「自律神経失調症」というか、「人間関係のつまずき」というか、発達障害のことはまったく念頭になかったために、自分でもはっきりとした理由がつかめないまま職場に行けなくなってしまいました。アルバイトも含めて、長くもって2~3年しか仕事を続けることができていないことに気づくこともありました。面接先の人に「あなたは、3年おきに仕事を替わっていますね」といわれるまでそのことに気づきませんでした。

離職理由は、自己都合だけでなく、会社都合もあったのですが、返す言葉はありませんでした。

会社都合のときも子どもを保育園に預けながらだったので、子どもが熱でも出せば休まねばならず、会社が経営規模を縮小しようとするときに真っ先に解雇の対象となってしまう理由はすぐに理解できました。父母も義父母も自宅から距離が離れていたので、「孫の面倒をみてもらう」という智恵も選択肢もありませんでした。

また、定職についている夫がいることは、私が失職してもすぐには生活に困らないことを示していて、解雇する側としても「切りやすい人材」だったのではないかと思います。

2. 就労において

(1) どのような支援があればよかったか

私の発達障害の特性として、認知の偏りや視野の狭さといった精神機能の特性だけでなく、より重視すべきこととして感覚過敏による疲れやすさをあげておきたいと思います。通常の状態で、感覚過敏が確認されているなら、対策を考えることもできますが、本人や周りも気づいていなかったり、寝不足やアレルギー症状が出ているときやホルモンのアンバランスな時期など、ある条件が揃うと生じる場合の感覚過敏は対策が取りづらく、事態が深刻になり、最悪の場合大きな破綻をきたすまで気づかないこともあります。ですから、「ストレステスト」は想定しておいたほうがいいかもしれません。疲れやすさへの対策として、たとえ10分でも15分でもいいので、職場内に横になって休める場所があったときは大変ありがたかったです。

また、職場で気づかぬうちに全力投球をしてしまい（ほとんど自覚はありませんでしたが）、自宅にたどりつくと何もできないということも多かったので、暮らしの中のペース配分についても苦手なことが多いということを考えておく必要があります。家族や職場、それ以外の周囲の人たちは、本人が倒れる前に休むことを勧めるといった「生活の中の優先順位」をつけることをサポートすることも必要でしょう。このことは、就労を安定して続けるために、「発達障害」と診断されていない人たちにも必要なことかもしれません。ライフステージが変わるときごとに、また定期的にもそういったことが見直されることが望まれます。さらに、就こうとする仕事によって本人にとってのメリット・デメリットを洗い出し、デメリットに対する補償をどのように準備しておくかということもできる範囲で想定しておくことを望みます。実際に仕事を始めてから生じることについても、相談できる人や相談機関がほしいのと同様です。相談する相手との相性なども考慮して、できれば複数の人や機関を考えておければと思います。

⑵ 医療や教育・福祉・余暇との関連について

発達障害のある人の特性である「気持ちの切り替えの難しさ」に着目すると、「仕事モード」と「それ以外の過ごし方」についても何がしかの工夫や支援が必要と考えます。仕事に向かう際にエンジンがかかりにくいときにかかりやすくする工夫です。たとえば、色彩心理的なものでもアロマテラピーでもラッキーアイテムでも、いくつか候補があげられるといいと思います。同様に、クールダウンすべきときに、それができなければ、当然エネルギーが尽きるなど不調を呼び込むことになるので、自分をクールダウンさせる方法を自分で知っておくだけではなく、医療・福祉方面からのサポートも欠かせないでしょう。倒れるまで気づかないという事態を避けるために、その前兆を押さえておくことが大切です。かかりつけの医師や福祉関係者に長期的・継続的な見守り態勢があれば理想的です。私自身、二次障害や他の身体症状が悪化したとき、治療先、入院先との連携が取れていなかったことに嘆息したことが何度もあります。

不具合の原因が、女性ホルモンだと疑われれば婦人科、アトピーが出れば皮膚科、ひざや首・肩などなら整形外科というように、あちこちに出向くたび、発達障害関連の情報をドクターに理解してもらう必要があったりします。歩き方や姿勢などという身体の使い方に偏りが激しいことが多いので、どこの医師にかかることになっても、「お薬手帳」など最低限の情報は確保しておかねばならないことを最近やっと自覚できるようになりました。早くから習慣づけられるようなサポートがあればよいと思います。

それから、相談機関、専門機関各所の人たちにお願いしたいことは、若者以外のある年齢以上の者を支援対象から排除しないでもらいたいということです。私が発達障害の診断を受けたのは46歳のときで現在は53歳です。まだまだ支援態勢が十分でない現在では若者が優先されるのは致し方ないことだと思いますが、いつまでもそのままでは、若い人たちがある一定の年齢を超えたときにどうなるのか不安を覚えます。若い人たちの将来を悲嘆に満ちたものにしないということは、中年から高齢になっても希望をもって生きていけるようなシステムを整えることだと考えます。中高年以上の発達障害者も支援が得られるように声をあげていくことが大切だと思います。

(3) 職業的自立を果たすために

どんな種類の障害があっても、生きている限り人は成長する可能性があると思います。高齢者といわれる年齢になっても、たとえば「運動の後に、タンパク質を摂取すると、血液量が増加して、熱中症になりにくくすることができる」というのは、最近信州大の医師により証明された事実です。同様に中高年以降であっても、新たな何かを始めることはまったくできないわけではないと思います。私もプログラマーになったのは、30歳を過ぎてからでしたし、臨時採用とはいえはじめて教壇に立ったのは40歳を過ぎてからでした。そのようなケースもあることを記憶に留めておいていただければと思います。

発達障害のある人が高齢になったら、どんなことができていてどんな支援が必要になってくるのか、今はまだ誰にもわかっていないと思います。それでも現状を変えていくためには、支援への提言や要求を続けることが、後に続く若い人や幼い子どもたちの将来をよりよいものにすると信じて、今後とも機会があれば情報を発信していきたいと考えています。

コメント 8

2012年4月、読売新聞に「発達障害と大学」に関する記事がシリーズ掲載されていました。近年、大学に在籍する発達障害学生の問題がクローズアップされてきており、それによると授業そのものについていけないだけではなく、サークル活動、履修申告、そして就職などさまざまな問題が生じているとのことです。

そーつさんも国立大学に進学されたのですが、履修の問題で休学されました。就職においても高学歴のために周りだけではなく支援機関も理解してくれない状況でした。その結果、就職しても定着できない状況となってしまいました。そのような経過をたどり、発達障害の診断が出たのが46歳のときでした。この年齢になると発達障害者としての就労支援を受けるにはやや遅すぎた感があったのでしょうか、そーつさんは若い人たちだけのサポートで終わりではなく、ある年齢以上の人を除外しないで対応してほしいということを主張されています。

もう一つは、就労以外のさまざまな面でのサポートの必要性でした。それは、いわゆる発達障害者がソフトスキルに問題を抱えている人が多いからではないでしょうか。現段階では、多くの発達障害の人たちが大学を卒業し、就職してうまくいかないため精神科を受診し、うつ病などの精神疾患の診断を受けるパターンが多く、その後発達障害とわかるといった状況です。そーつさんに限らず、『こんなサポートがあれば！』で手記を書かれた人たちの多くが共通して述べられているのは、「もっと早く診断されていれば、生き方が変わったのに」ということでした。早期に診断がなされ、発達障害に特化した療育・教育を受け、発達障害者として就職に臨むことにより、あえて苦手なことに無理に合わせようとせずに、自分に合った生き方ができるものと考えます。

また支援者は、発達障害者本人だけにターゲットを絞るのではなく、彼ら、彼女らが働く可能性のある企業や環境をどのように発達障害の人に近づけるかといった発想をもつことが必要なのではないでしょうか。

❾……………ASD

「目隠しキャッチボール」変化球も受けとめてほしい

ウィ・クアン・ロン

1974年、東京都生まれ。牛久愛和総合病院総合健診センター勤務医。専攻は健診・人間ドック。
2007年3月アスペルガー症候群との診断を受ける。

東京の大学病院にて研修をしていた父親と共に幼少期を日本で過ごし、小学校低学年時に研修を終えた父親および家族とともにインドネシアへ帰国。高校卒業後、大学進学のために再度来日し、1995年に長崎大学医学部医学科に入学。

卒業後、東京女子医科大学心臓血管外科教室に入局。この頃から障害が就業における支障になり、睡眠障害などの二次障害（当時はナルコレプシーおよび真性過眠症と診断）を併発するに至りました。

心臓血管外科教室における就業が困難になったため、2004年に教室を退局し、同大学脳神経外科教室へ入局しました。再度就業が困難になったため、2005年に茅ヶ崎徳洲会総合病院へ転職し、同年には健康診断／人間ドック科へ転局しました。

2007年3月、正式にアスペルガー症候群との診断を受け、牛久愛和総合病院総合健診センターへ転院し、現在に至っています。

1．はじめに

就労するにあたっては医学部という特殊な環境もあってか、特に問題はありませんでした。極端な話、医学部にさえ入学できれば卒業後の就職は確定されていた、そんな状況です。そして医学部を卒業するにあたっても、発達障害が問題になることはほとんどありませんでした。学校は入学試験に合格する、出席日数を満たす、校則違反をしない、学費を支払う、卒業試験を合格する。この条件さえ満たせば問題なかったからです。つまり、発達障害の有無は医師として働き始めるにあたってほとんど問題とならない、そんな状況でした。

ただ、学校生活で問題がなかったわけではありません。小、中、高と学年が上がってくるにつれて、学内での人間関係がますます重要になってくるからです。小学校の頃は周りの友だちとの精神年齢的な発達の差がさほどなかったため、人間関係のトラブルもなく遊び友だちもいたのですが、中学生を過ぎたあたりからは友だちとの精神年齢の差を感じるようになりました。自分が好きなテレビやマンガの話が友だちと合わなくなったり、逆に友だちの好きなことが自分には合わなかったり。高校生になった頃は友だちと放課後に遊びに行ったりすることがなくなり、クラスでも挨拶を交わす程度の友だちしかいませんでした。

そして大学に入学したあたりから、人間関係の希薄さが問題になるようになりました。大学の講義や課題をこなすにあたって、集団行動をする必要が出てきたからです。今思うと、人間関係で強い疎外感を感じるようになったのはその頃からです。雑談がまったくできず趣味の話も合わなかったため、クラスでも部活でも集団に馴染めない状態でした。それればかりかトラブルを起こすようにもなってしまいました。人間関係の希薄さからくる弊害はそれだけではありませんでした。

2. 就職時における問題点

その就職前に感じていた数々の不便さが、医師として社会に進出するにあたって大きな壁として目の前に立ちはだかりました。そんな感じでしょうか。数十年前の医学が外科と内科しかなかった時代はともかく、今はありとあらゆる分野で細分化され、進化を遂げていて、何をどうやっても一人ですべてを補える状況ではなくなってきたのです。同じ科の疾患でも他の医師との連携が必要になるばかりでなく、看護師や検査技師との連携が必要になり、さらに疾患が他科の分野に及ぶと他科の医師との連携も必要になっていく。つまり円滑な人間関係が築けなければ、医師の仕事はまったくといっていいほどできない。そんな状況でした。

学生時代はシラバスやカリキュラムがあって、それに沿って上の人間が教えてくれます。こちらが学費を払っているから、その対価としての知識やノウハウです。でも、一旦社会に出ると、今度はこちらがお金をもらう側です。上の人間に教える義務はなく、知識やノウハウは自分で学ばなければなりませんでした。そこで重要になってくるのが人間関係でした。これは自分の志望よりもはるかに大事なものであることに気づきました。

社会人としての知識やノウハウのやりとりには、前述したとおり物理的な対価交換はありません。では、上の人間は何を対価にして知識やノウハウを下の人間に与えるのか。答えは「信頼」でした。こいつに教えてやれば、自分たちのために有意義に使ってくれる。こいつなら自分の知識を悪用することはない。こいつとだったら自分の一部を分かち合って仲よくなれる。そういう部下に上司は知識を託すのです。ですから、社会人にとって人間関係は非常に重要なのです。部活で人脈をつくるのも、学業中に医局スタッフと仲よくなっておくのも、飲み会で腹をわって話し合うのも、休日に一緒にゴルフへ行くのも、すべてはこのためなのです。誰かを頼り、誰かに頼られる。一人ひとりはバラバラだけど、そういう目に見えない絆でつながっていて、それが医局という組織を成してゆき、その組織の集大成が社会なのです。決められたルールを守り、与えられた仕事を的確にこなす。学校ではそれがほぼすべてでしたが、社会は必ずしもそうではないのです。ルールや決まりごとはあくまで最低限の取り決めでしかなく、しかも必ずしも文面どおりに解釈されるとは限らない。ときには拡大解釈され、ときには縮小解釈される。その基準は何でしょうか。いわゆる〝その場の空気〟なのです。だから常にアンテナを張って、今どんな状態にあるのかを正確に把握して、その状況にあったルールの解釈をしなければならないのです。ルールや決まりごとは絶対的なものではなく、相対的なものなのです。

当然ですが、そのことに気づけなかった自分がうまくやっていけるはずはありません。ルールを守って命令された仕事を確実にこなしているはずなのに、なぜか周りの評価は上がらない。同じ失敗をしても他の同期は大目に見てくれるのに、自分だけはつらくあたられる。他の同期には大きな仕事が回ってくるのに、自分はいつまで経っても雑用ばかり。そうすると、ますますルールや決まりごとに過度に固執するようになり、過集中で神経をすり減らしてしまう。その結果、発達障害特有の症状も重なって仕事にミスが増え、ますます自分に対する風当たりが強くなる。あとは悪循環に陥るだけです。悪循環が続くと、やがて精神的にも肉体的にも疲弊して、精神科に通院するようになりました。それを繰り返すと最後には職場復帰すらできなくなってしまい、転属や転職を余儀なくされてしまいます。

それだけではなく、周囲との軋轢も生じるようになりました。自分は精一杯やっているつもりでも周囲から見たら「人間関係をよくする努力を怠っている」ととらえられてしまうからです。どうしたらよくなるのかと聞いても、それを生まれながら自然にできる健常な人たちからしてみれば「自然にできることなのだから、自分で考えなさい」となってしまいます。仕事でも人間関係でも挫折を続けるうちに、次第に自分に自信がなくなっていき、ありとあらゆることに消極的、拒否的になっていきました。数少ない親しい人たちに相談してもこのような答えしか返ってこないため、人間関係での孤立も深刻化しました。そうするとますますもって精神的にまいってしまうようになり、仕事もままならなくなる。ほとんどの発達障害の人がそうであるように、自分も働いていない時期が長くありました。

アスペルガー症候群の診断を受けて以来、今ようやく仕事のほうも落ち着くようになりました。しかし、昔の嫌な思い出が消えてなくなったわけではありません。今でもフラッシュバックしてしまいます。人間関係ではトラブルは起こさなくなりましたが、人間不信はいまだに残っており、新しい関係や知らない人と会ったりするときに緊張感と猜疑心がいやが応にもわいてきます。

発達障害の診断確定は終わりではなく、始まりなのです。なぜなら診断されたとはいえ、それがすなわち問題の解決へとつながるわけではないからです。職員として採用されたということと、組織の仲間として受け入れられたということは別の話だからです。雑用や最低限のノルマは回ってくるけれど、本当に重要な仕事はほとんど回ってこない。そういう状況がありうるからです。理由は前述したとおりです。偏見や差別は解消されたということとは、信頼を得たということとは別問題だからです。仮に自分が組織の長で発達障害の知識や理解があったとしても、仕事には顧客や職員の生活がかかっているのですから、やはり発達障害者だからといって優遇することはないと思うからです。

自分は常々、発達障害者のコミュニケーションを「目隠ししてキャッチボールをするようなもの」と考えています。相手が投げたボールをキャッチすることができないし、こちらからもボールを投げ返すことができない。さらにいえば、相手はこちらが目隠ししているということを知らないことが問題を深刻化させる。キャッチボールができないことで「運動神経が鈍い」とか「キャッチボールする気がない」と思われてしまい、そのことが人間関係を悪化させる。これが発達障害者が抱える問題だと思うのです。つまり発達障害の啓発活動というのは、相手に対して「自分は盲目である」ということを伝えることだと思うのです。でも相手に盲目であることを認識してもらったからといって、キャッチボールをしなくてもいいということにはなりません。それに加えネット化などで情報が複雑化し、一人で全情報を把握することが不可能になった現代社会においては、言葉のキャッチボールは生活に必要不可欠な要素になっているからです。もちろん、「目の見えない」発達障害者にとって、キャッチボールをするということは生半可なことではありません。でも現在の支援システムでは、盲目であることを相手に伝える段階までしか進んでいないように見受けられます。言い方は悪いですが、「とりあえず棒か箸にでもかけておいて、食べていければそれでいい」みたいな感じです。

人間はパンのみに生きるにあらず。キリストの言葉です。でも、パンがなければ生きていけないのも事実ですから、自分は現在の支援システムを否定はしません。ただ、皆が食べていけるようになったら、次は自ずと発達障害者の権利を求めて動くだろうと自分は考えます。そのとき、目が見えない人がどうやってキャッチボールをする方法を学ぶか。発達障害者が職を得たとき、新たなスタートがその課題だと思うのです。

3. どのような支援があればよかったか

発達障害者が社会に出るうえで最も困ること、それは発達障害ゆえに起こる人間関係のトラブル、コミュニティにおける孤立、社会の和から外れてしまったことによる経済的・社会的な不利益、そのことによる健康面におけるうつ病などの二次障害や、その後の社会復帰の困難さにあると自分は考えます。ゆえに、おもにこの部分を重点的に支援していくことが重要であると考えます。するとと、やはり早期発見、早期診断。これが一番重要なのではないかと思います。発見が遅れると二次障害の可能性が高まる、周囲との軋轢がより大きくなる、再起が困難になるなどの弊害が大きくなるからです。早期発見・早期支援のためには、当事者や家族から発達障害のより広い認知、より深い理解を得ることが大事だと考えます。認知が広ければ早い段階での発見も容易になりますし、理解が深ければ発達障害に関する偏見を防ぐことが容易になるからです。

すでに一部で取り組みはされていますが、就職や社会進出に備えた、より実践的で専門的なSST（ソーシャル・スキル・トレーニング）も重要だと思います。就職前に就職における重要事項、特にコミュニケーションにおいて最も重要と思われる不文律について学び、就職後もケース・バイ・ケースでその人のその状況に合わせたアドバイスを行うことで、起こしやすい失敗を事前に防ぐ、あるいは起こしてしまった事情に対しての適切なフォローを行います。

個人的にあれば便利だなと思い考案したのが「代理人」による仲介です。当事者本人による交渉だと本人自身が問題を正確に把握しきれていないことも多く、また交渉にあたってもコミュニケーションの問題もあり、さらには当事者や雇用者の間に軋轢が生じる場合もあると思います。そんなときに第三者が、発達障害に詳しい健常者を間に立たせることにより交渉を円滑化し、不必要なトラブルを最小限にする役目もあります。

それから、発達障害当事者、および支援者や関係者による直接的または間接的なネットワークの構築です。発達障害者はどうしても孤立することが多く、そのため情報不足が生じたり、適切なアドバイスをもらえる相談相手がいないために問題を悪化させている場合も少なくありません。すでに診断済みの人たちが相談できる場の構築、同じ当事者・関係者同士によるコミュニケーション訓練、または未診断の人たちの駆け込み寺として、こういうコミュニティが必要なのではないかと思います。

ネットワークを構築するにあたっては、発達障害者を支援する人たちを一緒に加えられれば大きい意味があると思います。やはり専門家の知識や意見は重要ですし、いざというときに相談しやすくなるからです。今の状況では情報が細かく散らばっている状態なので、発見するのも集めるのも難しい状況です。しかし、それらの情報や人が集まっている場所が見やすい場所にあれば、自ずと早期発見、早期診断、社会への啓発もやりやすくなると思うのです。

課題は山積みで、自分自身もまだ把握しきれていないところが間々あるのですが、やはり今一番重要なのが「世間へのより広い認知」だと思います。もちろん、認知したら認知したでまた新しい課題が出てくるでしょうが、認知されるのとそうでないのでは雲泥の差があります。発達障害、特に高機能自閉症やアスペルガー症候群などは本人や相手にもわからない場合が多いのでなおさらです。発達障害者による自立、社会における健常者と限りなく同等に近い権利を得るためには、やはり当事者自身による自発的な取り組みが必要不可欠です。だからこそ可能な限りの早期発見が重要なのです。

4. 発達障害者へのアドバイスなど

先に述べてきたように、最終的な目標はあくまでも「発達障害者の自立」にあります。そのためには当事者自身による自覚、および改善の意思が最も重要だと考えています。まず一番大事なのが「己を知り、己を認める」ということです。簡単なようですが、難しいことです。なぜなら自分が障害者であることを認識しなければならないのもそうですが、社会でうまくいかない理由が自分にあることも同時に認めなければいけないからです。

高機能自閉症およびアスペルガー症候群の当事者における問題というのは、障害そのものに対する差別から生じるものではないからです。障害があるゆえのさまざまな行為に由来する周囲との不協和音が高じたために起こる問題だと自分は考えています。周囲や社会の理解が進み、法整備が完成したとしても、この不協和音を解決しない限り問題がなくなることはないと思われます。それに周囲との不協和音でいろいろと問題を抱え、さまざまな努力を経て問題を解決しようとしているのは、健常者の人も同じです。障害者と健常者の違いは問題の〝質〟だけであり、その総和は同じだと思っています。健常者が障害者側に歩み寄るのと同様のことを、障害者側からもなされるべきだと自分は思います。そのための方法論を自分なりに示します。

(1) よい人になる

男性も女性も、日本人も外国人も、健常者も障害者も、よい人はほぼ例外なく好かれます。心から「この人と一緒に仕事がしたい」と思わせるよい人なら周囲も理解しようとしてくれますし、自然と歩み寄ってくれるでしょう。また何かあったときも守ってくれることでしょう。人間の感情は法律や決まりごとではどうにもなりません。でも逆に、感情さえよくできれば、法律や決まりごとがなくても何とかなると考えることができます。

では、よい人とはどういう人か。仕事を確実にこなす人、約束を破らない人、嘘をつかない人、礼儀正しい人、他人に迷惑をかけない人、格好がちゃんとしていて清潔感のある人、言葉遣いがていねいな人、常に笑顔を絶やさない人などです。特別な努力や高額な出資なんて必要ありません。すべては自分自身の気づきや、周囲のちょっとしたアドバイスで改善できます。それをせずに「高機能自閉症／アスペルガーだから仕方がない、受け入れろ」といわれても、同じような努力を少なからずしている健常者側としては受け入れがたいものなのです。

その中でも最も簡単で効果があるのは「常に笑顔を絶やさない」「格好をちゃんとして清潔感を出す」の2点です。高機能自閉症／アスペルガーの当事者は恒常性を好むあまり古く汚くなった服装をところ構わず着用しがちで、自分の世界に没入するあまり無表情になりがちです。逆に健常者の世界では、第一印象は最も大事な要素です。それがすべてではありませんが、第一印象はその人の中身を如実に表すものなのです。だから健常者は身なりに気を使います。別にお金をかける必要なんかありません。安くてもいいから新しくて清潔な服を着て、人と会ったら笑顔で挨拶する。たったそれだけで相手はこちらを気持ちよく受け入れてくれます。

(2) 趣味をもつ

趣味といっても発達障害者特有の趣味(ペットボトルのキャップを集める、鉄道時刻表を読むなど)ではなく、各種スポーツ、文化芸能、競技性のあるゲーム(チェス、将棋など)といった社会通念的に価値を認められた趣味が望ましいです。よい趣味は社会性や人間性と強く関連しています。そして発達障害の特徴の一つに「興味のある事柄に集中力を示す」ということがあります。発達障害者は趣味を通じて、人間や社会を学ぶのです。そのために自己に閉じこもってしまうタイプの趣味は望ましくないのです。

もう一つ大事なことは、趣味を通じて自身の限界に挑み、そして突破する喜びを覚えることです。発達障害者、特に成人の人たちは多かれ少なかれ失敗と挫折を積み重ねているため、劣等感や自信喪失感にとらわれ悲観的になりがちです。だからこそ趣味を通じて成長する喜びを学んでほしいと思うのです。確かに発達障害があるせいで、健常者よりも上達が遅いですし、困難も少なくありません。でも大好きな趣味だからこそ、失敗しても頑張ってみようと思えるものなのです。

そうやってチャレンジ&エラーを繰り返すうちに効率的なやり方や無駄を省く方法を学び、チャレンジするたびにエラーが減り、結果が出るようになります。発達障害があると確かに手間暇はかかりますが、それでも確実に成長します。この「自らの限界は超えられる」という喜びこそ、趣味をもつうえで最も重要な部分です。趣味で得られた限界を突破したという経験や達成感は、当然仕事にも大いに役に立つからです。

(3) 人と会う

人間は社会的な生き物です。何をどうやっても一人で生きていくことなどできません。それは発達障害者も例外ではありません。一生、福祉や施しにぶら下がって生きるという手もありますが、それは発達障害者の自立という目的と相容れないからです。古今東西、本当に大事な知識や経験は決して文章や形には残らないものです。それは人から人へ、形のないものとして引き継がれるものなのです。だからこそ人に会わなければならないし、人から学ばなければならないのです。

これは個人的な考えですが、未来は人間の心の中にあるのだと思うのです。インターネットや書籍などに書かれていることや学問として教わることは、すべて過去に起こった出来事です。発達障害者の特徴として「知識を蓄積することに過度の執着を示す」というものがありますが、その最大の弊害がこれなのです。

健常者は何も特別な知識をひけらかすことがないにもかかわらず、話が自然と弾むのは、ひとえに現在進行形で話をしているからなのです。発達障害者がいくら知識を蓄えていようとも、それはすでに過去の話です。皆が現在の話をしている最中に、過去の話をしたって盛り上がるはずがありません。時間は常に未来に向かって動いているのですから、自ずと向かう先は決まっています。

では、未来とはどこにあるのか。人の心の中にあります。人々が「将来はこうなってほしい」と願い、その願いを実現するために行われるさまざまな努力。未来とは、そうした人々の努力の総和が示す方向にあるのです。そして、その方向性は全体の和が大きければ大きいほど正確度を増してきます。だから、たくさんの人と会ってその方向性を知ることで、未来志向の考え方をすることができるようになるのです。そうです、すべては未来へ向かうために必要なことなのです。よい人になることで皆から好感をもたれるし、人と会ったときに得られることも自ずと多くなり、かつ深くなる。そうすることで今まで過去にとらわれ、がんじがらめになって取り残されていた発達障害者が、健常者と同じように未来へ向かって自分の足で歩くようになれるのです。そういう未来を築くことが、発達障害者支援の最終目標だと自分は思います。

コメント 9

ウィ・クアン・ロンさんは現在医師をされています。医学部を卒業されたのですから学校の成績は優秀で、学業に問題があったわけではありません。しかし、学校での友人との関係はうまくいきませんでした。それが医師という立場になり、医療機関に所属するとなると、人間関係が顕著にクローズアップされてきました。とりわけ人とのコミュニケーションについて、「目隠ししてキャッチボールをするようなもの」とたとえられています。目隠しをしていると「相手が投げたボールをキャッチすることができないし、こちらからもボールを投げ返すことができない。さらにいえば、相手はこちらが目隠ししているということを知らないことが問題を深刻化させる」と。いいえて妙なたとえです。そして、「発達障害の啓発活動というのは、相手に対して『自分は盲目である』ということを伝えること」であるとも。

つまり、相手が盲目であればボールを投げる際に取りやすいように投げることを考えるわけです。私もASDの人たちは盲目とはいわないまでも、キャッチングの範囲が狭いと考えています。そのため、投げる側の人がキャッチしやすいように投げることが大切であり、また、ASDの人がボールを投げる際もどこに投げたらいいのかわからないため、受ける側の人が投げやすい場所に位置する必要があるのだと考えます。これこそ、「合理的配慮」にほかならないことではないでしょうか。ASDの人たちに対する合理的配慮とは、彼らが暮らしやすい、生きやすい環境をどのように構築するか（構造化）が大切なのだと考えさせられた内容でした。

⑩……ADHD+ASD

めげずあきらめず、新しい出会いを求めて行動範囲を広げよう

Leeza（仮名）

具体的に困難と戦うためのイメージがわくから、ベンチプレス。生まれてからようやく、フォームを研究するため鏡を見るのに抵抗がなくなったから、格闘技系スタジオレッスン。この２つが人生のスパイス。今が一番楽しい。

私は中・高と学校でいじめにあいました。中学校では不登校気味になり、なんとか入学した高校では完全に不登校になりました。高校に通うのはきらいでしたが、ボランティアと劇団の活動に夢中になり、休日や夜はいつも出かけていました。私にとってはとても楽しい時間でしたが、両親はさぞかし心配しただろうと思います。過活動で飛び回る私をいつもあたたかいまなざしで見守ってくれた両親には心から感謝しています。

1. 診断

「これはもう、典型的なアスペルガー症候群とADHDの重複です。しかも両方ともかなり重度です。精神科の医師として、治療は何もしてあげることができません。○○療法というのは、要するに自分が何者か、また自分の過去をはっきりさせ、向き合うことで何かを見出そうとするものです。あなたは今まで、非常にたくさんの悲しみ、苦しみを《封じ込める》ということで乗り切ってきました。このたくさんの過去を開放し向き合わせることは収拾がつかなくなり、専門家としての自分でも対応できません。申し訳ありません。あなたはこれからも、あなた自身がつくりあげた工夫と悲しみ、苦しみを封じ込め続けることで対応していくしかありません。あとは必要に応じた対症療法で投薬もしますが、あなたはあまり内服に頼らないほうがいいでしょう」。

専門医にこう断言されたとき、私は1回バンザイした手を上げたまま、奈落の底に突き落とされる気分になりました。自分が何モノかがはっきりしたことと、同時にこの苦渋に満ちた人生は、簡単に終わりそうもないこともはっきりしたからでした。

2. 子どもの頃──小・中学校時代

幼稚園の頃、雨が怖くて、外で遊んでいる友だちと一緒に遊べば怖くないだろうと思い、泣きながら近くで遊んでみたのですが、怖かったので室内へ戻ってしまったという記憶があります。この頃は私の人生で一番楽しかった記憶があるのですが、母親はそうではなかったようです。母親は「口ではとても言えないくらい苦労した」と言っていました。私は、愚直で怒りっぽいが無条件に私を受けとめてくれた両親のおかげで、今の自分があると感じています。

音感は人一倍よく、幼稚園の帰りに音楽教室へ行っていました。小学校にあがりピアノかエレクトーンかの選択となりました。ピアノの教師が私を見て「この子は身体を揺らしたり動かしたりしすぎるのでピアノには向かない、エレクトーンにしなさい」と言われたからでした。また、その先生の勧めで、エレクトーン講師に逢いに行ったこともありましたが、言われた言葉は「この子はプレイヤーより調律士が向いています」でした。確かに私は、適当に鳴らした20前後の鍵盤を全部聞き分けることができます。後々はっきりするのですが、アスペルガーでよくいわれる「手先の不器用さ」を見て取られたに違いありません。事実、中学生になり、私は何度練習しても弾けない奏法というものが増えてきて、不登校が重なったこともあり、とうとうフェードアウトしてしまいました。

義務教育時代はあまり楽しいものではありませんでした。小学2年生の担任はとてもやさしい先生でした。その先生が、ある日、大きな紙袋を持ってきて私の机の中身を全部持ち帰らせました。そのことが嫌な思い出でないのは、先生の対応がやさしかったからだと思います。その頃はすでに、部屋の中から学校の机まで、すべてがメチャクチャで片づけができない子でした。また、学校で配布されるプリントも机の中に入れたとたん存在を忘れてしまっていました。ですから、授業参観でそのような情報を知った母親（母は友人の母親から情報を得ていた）はとても苦労したと思います。なにしろ、学校から帰ってきて母に「プリントは？」と言われても、そのときには存在を忘れてしまっていたからです。また、「明日○○が必要」と寝る間際や朝に急に言い出すので、よく両親は夜遅くや朝早くにやっているスーパーへ買い物に行きました。整理整頓が苦手で、よく物をなくすので、同じものを何回か買うといった苦労も親にかけました。整理整頓が苦手、身なりがだらしない、提出物がきちんと出せない、約束を忘れっぽい、感情のコントロールが難しいなど、いろいろなことが私の学校生活でいじめを誘発させました。

中学生になると、それまでは全体的に上位だった成績が下がっていきました。理解できる分野、できない分野の差が著しかったのです。国語なら現代文は大丈夫なのですが、古典は理解できませんでした。社会は公民と一部の日本史はいいのですが、地理はだめでした。理科の第一分野では科学以外はダメで、数学は基本的に苦手でしたが、なぜか比率と三平方の定理、三角関数だけはトップでした。ですから、不登校気味の私がテストだけは受けに行き、高成績をとる場合があったとき、教師が「なぜあいつにとれて、お前たちは……」と言ったらしく、なおさらいじめがエスカレートし、学校から足が遠のいてしまいました。

思えば中学に入って夏休み前に、嫌で仕方ないことをたくさん強制されたのがきっかけで、ひどい円形脱毛となりました。嫌だったこととして「無理やり部活に所属させられる」「苦手な家庭科の縫い物や美術の作品をクラス連帯責任で提出させられ教科当番が苦労するので私が責められる」「数学を筆頭に授業がわからなくなり、それまでトップクラスだった成績が順調に落ちていく」「セーラー服をネクタイや襟まできっちり着てないと先輩から呼び出しを食らう」などがありました。ストレスだらけの中学校生活は、私の精神を蝕むのに3か月も要しませんでした。中学は無理やり卒業、高校はかろうじて入ることができた公立高校へ進学しましたが、いじめなど理不尽な扱いは依然続きました。

3. サークル活動で明け暮れた高校時代

しかし、高校そのものは嫌いでしたが、高校生活は楽しいものでした。私は高校に入ってから、ボランティア・手話・劇団の活動を始めました。高校1年の8月から、高校3年の10月まで、すべての日曜日に予定が入っていました。ときにはボランティアサークルでの合宿が終わり、そのまま同じ青少年ホームで行われる劇団の合宿稽古にい続けたことさえありました。

定型発達の人の多くはクラスの係や役割、または他の人とのかかわり方などから、友人や団体、組織などの人間関係における「立ち位置」を把握できますが、発達障害のある人はそういうことが理解できないということをアスペルガー関連の記述で読みました。まさかと思い、聞ける範囲で友人たちに確認するとほぼそのとおりでした。言い換えると、人の感情や思考を読み取り、的確に自分がどのような役割や位置にいるのかは「空気を読み適切に行動する」という、アスペルガー症候群にとっての最大の難関なのです。このような難関を、定型発達の人たちは無意識に学生時代からクリアしているのです。私はこんな考え方をつい最近まで知らなかったので非常にびっくりしました。

学生時代のような過活動は社会人になって転職するまでの数年続きました。当時の気持ちを母親に聞いてみたところ「帰ってくるまで心配で心配で。でも、この子は一旦やり始めたら何を言っても聞かないから、言ってもけんかになるだけだし、悪いことをしないという信頼はあったので言うのをがまんしていた」と言われました。確かに私は不登校でしたが、外で遊び歩くことはしませんでした。生真面目なこだわりなのか、「休んだからには寝ていなきゃ」と思っていたからです。また、高校時代は学校外の活動はひたすらサークルのみで、友人と夜の街を歩いたりアルコールを飲んだりしないし、合宿以外は必ず帰宅していましたし、当時は携帯もなく友人関係は親も把握していました。

「遊びに行く」＝サークルに出かける「だけ」だったのです。確かに安心要素はありますが、一応は年頃の娘です。母親や口出しをしなかった父親に非常に感謝しています。父親もまた愛情にあふれていました。不登校をしている最中、土曜日で出勤していた父は会社から家に電話をして「今日は日食で、下駄箱の上にネガフィルムがあるので○時に太陽を見てごらん。妹も帰ってくる時間だから見せてやりなさい」と言ってくれたのを覚えています。

4．社会人～前半・ガソリンスタンドで働く

高校の修学旅行で仲間はずれになるのが嫌だった私は、運よく旅行当日に就職のための面接試験がありました、地元ではわりと大企業の系列にあたるガソリンスタンドを受け、そのまま就職しました。高卒で就職してすぐの5月になると父親から、会社を辞めないかと言われました。しかし、私は学校と異なる雰囲気で私なりに「社会人」を精一杯楽しみながら努力していたので、辞めるつもりはまったくありませんでした。

その後2回ほど父親から「打診」され、その年の12月にはスタンドの上司から直接説得され、しぶしぶ自主退職をさせられました。実は、その会社の部長がもともと父親の知り合いで、娘を自主的に退職させるように父親に説得していたとのことでした。父に直接に説得されたときも、なぜ辞めさせられたのか具体的理由は最後まで教えてくれませんでした。ただ「店長とウマが合わない」の一点張りでした。

今思えば、職場にいる2人の女性スタッフとうまくいかないなど、アスペルガー症候群によるさまざまな障害が生じていたのではないかと思います。私は接客に熱心なつもりでいても、店に入ってきた車に気づかないことがありました。でも、具体的な指摘は仕事中も一切されませんでした。ガソリンスタンドの部長は、たぶんもっとあれこれ父親に言ったのだと思います。就職して2か月も経たない高卒女子ですから、よほど何かあったのでしょう。事実を隠してひたすら娘にやさしく諭すだけの父親でした。感謝の念に絶えません。

結局ガソリンスタンドを12月に辞めましたが、二度とガソリンスタンドに就職しないという父との約束を破り、翌月、私は家から一番近いガソリンスタンドに就職したのです。そこの店長は個性的な人で、やる気のないときはすぐ「帰れ！」と怒り、私も帰ったことがありましたが、翌日には何もなかった顔で「今日も頼むぞ」と気さくに声をかけてくれる人でした。また、クビになった経緯もなんとなく知っていて、「〇〇を見返してやれ！」を合い言葉に、ちょっとした運動部のノリで毎日の仕事に明け暮れました。その店舗はクビになった前の店舗と違い、女性スタッフもおらず、女性特有の変な結束関係も皆無で6年近く働きました。本来のおしゃべりな性質が功を奏し、備品などの売り上げは成績がよく、半年ほど他の店舗へ出張したこともありました。

また、その店舗で働いて2年ほど経った頃、私を解雇した例の部長の上司にあたる役職の人が来ました。「よく頑張っているみたいだね。クビにしたのは間違いだった」と所属している店長と私の2人の前でそうおっしゃいました。その後、店長と2人で「やったね‼」と笑いました。

6年勤めた職場でしたが、辞めるときはあっけないものでした。私はその頃売り上げ向上にも熱心で、危険物取扱乙種4類にも合格し、スキルアップを考えていました。その頃、男性職員が順番に講義を受けていた整備士の免許がほしかったので店長と支店長に掛け合ったのですが、2人とも「女の子はスタンドの華でいればいい、免許は不要」との返事でした。いま振り返れば、もしかしたら店長は、私の不注意な部分を見て心配したのかもしれませんが、他店で掛け合った女性職員にも同じ返事だったので、当時の支店長の考え方が強かったといえます。また同時期に元不良の女の子が店舗に入ってきました。「シンナー吸って頭痛いから休みます」といって休むのですが、元不良だった店長や周囲の男性店員が彼女を容認する姿勢に私は不満をもってしまったのです。さらに同時期に、高校の頃から興味をもっていた福祉関係専門の職業紹介所ができたということも重なりました。スタンドを退職し、アルバイトをしながら福祉関係の仕事を探し、今の職場へ転職しました。発達障害の人の人生に人間関係の悩みはつきものです。

5．社会人〜現在・福祉施設で働く

福祉関係の職場は女性ばかりです。もちろん複雑な人間関係に悩まされました。言いなりにならないので、ある上司に目の敵にされたり、また別の上司は私の積極性をかってくれて的確にアドバイスしてくれたり、後輩なのにどんどん出世していったためにつらい目にあったり、私を除いた若い子の集団が団結していたりといろいろな出来事がありました。幸いだったのは、勤務形態でした。これは今でも共通しているのですが、いつも同じ人間とまったく同じ状況でいるということが少ないのです。就職した社会福祉法人は規模が大きく、はじめて配属された身体障害者療護施設は、利用者１００人、当時はパート制度がなく職員も正社員だけで60人近くいました。あるときは苦手な人と2人きりで夜勤をするのですが、あるときはその人は休みで自分のペースで利用者とかかわる仕事になります。またあるときは一日中掃除と厨房勤務だったり、あるいは一日中お風呂の業務だったり、平日にはちょこちょこと休みも取れます。たとえば、ある人と気まずい出来事があったとしても、１日おけばクールダウンでき、その人との軋轢も減ります。理解ある仲間とその間に会話し、愚痴ってアドバイスをもらうこともできるのです。また、１年おきに施設内の棟での異動がありますし、施設外への異動もあります。とにかく、まる2年まったく同じメンバーで棟を担当することがなく、2日続けて同じメンバーで同じ業務を行うこともありません。これは人間関係の苦手な私にとって、長く継続して働ける大事な要素の一つです。60人近く職員がいれば、俗にいう「困った職員」もいます。今考え直せば「あの人も発達障害があったんだなぁ」と思える人が何人もいます。でも、田舎にある大きな福祉法人は「現地の勤め口」という性質も兼ねており、そのような人も長く勤めています。

私の仕事の粗さも「まだ若いしね」「そういう人だから」でスルーされていき、人間関係の不協和音はあるにせよ、理解者がいることもあって、なんとなくうまくやっていきました。とにかく働き出して数年は、いろいろな人に揉まれ、なんとか仕事に慣れていきました。

数年経つと、少しずつ困った状況が生じてきました。当然自分がなるだろうと思った棟の主任に後輩がなっていくのです。介護主任と事務所の出した選択がそれなのです。後輩は私を気遣い、それがまた一層の屈辱感を味わわせました。振り返ってみれば、1年おきに何らかの役割が交代でついていきます。上の人は私をよく見ていたようで、管理する役割に私がつくことは一切なく、勉強会や研修などの役が多かったのです。上に立つということは、そういう部分も把握しなくてはならないのですが、その当時はそんなことさえ気づかず「スキルアップのため」に介護福祉士や介護支援専門員の試験に挑み合格していました。また、年数が長く利用者に慕われていたのは上にもわかったようで、同僚が病気や妊娠で急遽退職しなくてはいけないとき、「よくわかって利用者も信頼しているから」と年度途中なのによく別の棟へ異動させられました。このような異動は私以外にないそうです。さらに、5年以上経っても、いくら仕事に集中しても、仕事が後輩より遅いのです。おむつ交換や朝の起床・食事介助、食事の準備やトイレ掃除など、入って1年の後輩にさえ秋には追い抜かれるようになっていました。今から考えると、おむつの当て方がきっちりしないと利用者に申し訳ないとか、寝ている人をあまり早く起こしたくないと部屋順を無視して効率の悪い起こし方をしたり、水分もいくら本人がいい顔をしなくても、吸いのみにきっちり入れた200ccの水分をしっかり飲ませるまで私が納得できないとか、また単純に忘れっぽくて、今何

◉キーワード　合理的配慮

国連の障害者権利条約の中で明記されている文言で、障害特性に合った配慮を行うことをいいます。視覚障害の人のための点字ブロックや車いすの人のスロープなどは移動における合理的な配慮の一つです。発達障害者の場合は、大学受験においてLDの人の試験時間延長や自閉症スペクトラム障害の人が別室受験できるような支援も合理的配慮といえるでしょう。計算の苦手なLDの人が電卓を使って仕事をするなどさまざまな合理的配慮が考えられます。TEACCHプログラムで使用される「構造化」による支援などは自閉症スペクトラムの人にとってまさしく合理的配慮といえます。

がしたいのか集中力が途切れて部屋をいったりきたり、単純に食事の準備の手先が不器用だったりしたことがありました。それは「アスペルガー症候群」という特性から生じる不適応さにも通じる部分がありました。そして、そこは今でもある程度は妥協しなくてはいけませんが、自分の良心が痛まない程度のこだわりをもち、仕事の速さは「後輩よりも遅いもの」とあきらめと見切りをつけています。

当時の出来事を2つ報告します。一つは、ある職員が寮長へ「もっと利用者のことを考えた日課プログラムにしてほしい」と直談判に行き、「介護福祉士資格を取ってから来てください」と言われて帰ってきたと噂が流れました。そのときに、何人かが私のところへ「あなたじゃないよね?」と確認しに来ました。当時私はすでに介護福祉士の資格を取得していたので違うということが証明されましたが、そういう直談判という無鉄砲さが「あなたらしい」とのことだったのです。もう一つは、利用者の衣類管理は担当が行っていました。私は必死で衣類の入れ替えや整理を行っていましたが、後輩が見るに見かねて衣類整理を手伝ってくれました。後輩当人はあまり気にしていませんでしたが、周囲の人たちが「衣類がきちんと畳めないなんて女の恥」と言っていたらしいのです。私は後輩に対し、感謝と恥ずかしさでいっぱいでした。

結局クビになることもなく無事に9年半所属し、老人保健施設に異動しました。そこでもいろいろと苦労しました。それまでいた障害者施設は知的も重複だったので、私のガサツな性格が「元気よい」「楽しい」でしたが、老人保健施設では「今のままではいけない」と焦ることになりました。入って3年目に異動してきた上司は女性でとても厳しい人でした。「今のままでは転職を考えたほうがいい」と言われました。自分なりに一生懸命に頑張ったのですが、職場内の人間関係に関して私の気づかないところでいろいろあったらしいのです。「すぐに大声で叫んでしまう」「落ち着きがない」「自分独自のルール」、このような行動で「あなた一人のためにすべての職員が振り回されている」と言われました。「資格や勉強会に熱心でもあなたの欠点を埋めることはできません。今後もあなたの仕事ぶりを観察しながら次の職種を検討していきたいと思います」と。非常に厳しい言葉でした。

また、その頃から、うちの法人ではボーナスを仕事の評価でランク付けして査定するということをはじめ、私は欠勤や病欠はほとんどしないでまじめに熱心に働いているのに、評価は平均より下でした。その老人保健施設にいる間も他の職員は異動することがないなか、自分はそこに在籍する最後の8年間で2往復しました。そんな動き方をしたのはやはり、私以外にはいないとのことでした。ただ、その異動は「利用者や家族から苦情が出た」「バタバタしない性質を身につけてもらうため」ではなく、「あの人なら利用者だけでなく他の職員ともうまくやれるから」という上司の推薦で、足りない人数あわせとはいえ急な異動となったのでした。

6. 人生を変える出会い

最近小さな変化が2つ現れてきました。一つは発達障害を自覚したこと。そしてもう一つは、ある人との「出会い」があったことです。入会したスポーツクラブのコーチに、時々仕事の愚痴を話していました。アドバイスは他愛のないものでした。たとえば「陰口言われたらハラの中で『うるせー』と思っとけ」「あなたが善人なのはつらい思いをいっぱいしてきたから」など、悩み相談でよくある返答でした。ただ違ったのは、その人が友人でも先生でもない第三者であることでした。商売（会員）としてのつき合いでしかないので計算高い利害関係も生じないし、またコーチ本人も、既成の価値観からはみ出たスケールの大きな人でした。普通の意見なのに、なぜかその人の言葉はストンと身に入りました。また、別のコーチからもその人個人のとらえ方としての、悩みやトラブル、また理想と現実とのギャップに悩んだときの対処法など人生の要所についての考え方に影響を受けました。そして会話だけでなく実際のウエイトトレーニングも含めて、自分に大きな自信をもたらし、人生への嫌悪感を軽減させてくれました。この2人は自分の人生の年表に、確実に明記される大きな出会いとなりました。たまたま私はスポーツクラブで人生を変える出会いがありましたが、だからといってすべての発達障害の人たちにスポーツを勧めるわけではありません。ただ、「身体を楽しく動かすことでうつ病を予防・軽減することが可能」という記事を読んだことがあります。発達障害は二次的障害でうつ病を引き起こしやすい要素があるので、そういった意味での運動はお勧めです。

老人保健施設に入って数年間は、ただでさえ仕事が遅いうえに性格がきつい後輩から敬遠され、毎日びくびくして働いていました。ですから、ミスも多く手順も悪く、当然伝達事項も速やかではありませんでした。もちろん、なかには、業務に追われる私に「何かできることある?」と、耳にするだけでテンパっていた私が一瞬で落ち着けるような声をかけてくれる同僚もいました。だから長年働けたと感謝しています。しかし、ほんの一部の心ない人の対応で、私はすぐ落ち込んでしまうのです。耐性が弱く、つらく悲しいことがあると一瞬で地獄に落ちてしまうのです。

2人の影響を徐々に受けて学んだ私は、びくびくして仕事をすることがなくなり、少しずつ落ち着きが出てきて、コミュニケーションも円滑になっていきました。こだわり(たとえば掃除をしている最中にほうきを壁際に横に寄せてあったら「柄の部分から向うは掃除済み」、真ん中に置いたら利用者が転んでしまう)のようなサインも、臆することなく自分から他人に説明でき、また他のケースも職員が「これなぁに?」とサインに気づいてくれるようになりました。私をよく思っていなかったグループでさえ、私が異動するときには「こんな人に残ってほしかった」と異動を残念がってくれました。自分の人生でこんな日が訪れるなんて思ってもみませんでした。

これはスポーツクラブに通い始めて2年目の出来事です。こんなふうに自分は、少しずつ自信をもち、セルフコントロールを徐々に身につけていき、芯が少しずつ太くなってきました。もちろん強い威圧的な態度や多人数が苦手とか、人間関係において本質的に克服できないものも多々あります。しかし、以前よりはいい意味で割り切ることが増えたような気がします。

7. 最後に

私たち当事者は、違和感をもちながら過ごしてきました。私は定型発達者との違いを「壁の向こう側とこっち側の世界」と表現しています。あっち側とこっち側には明らかに目に見えない空気のような壁が存在しています。ある記述によると、「水鳥みたいに必死に泳いでいるのだが、みんなと同じように泳いでいると思っている。そのうち疲れて溺れてしまっても気づかないでなんとか泳ぎ続けようとする」のが発達障害者とのことです。

だけど、現時点での日本で生きていくためには、私たち当事者も理解を一方的に訴えるのはどうかと感じています。世の中には見た目ではわからない障害者、見た目だけで差別される障害者、「生きることそのもの」がつらい障害者など、まだまだいろいろなつらさが蔓延しています。日常生活そのものが「頑張ってしまう」人には酷な話ですが、私たちも「壁の向こう側」を理解する努力をしていきたいと思っています。私たちが向こう側を完全には理解できないのと同じくらい、向こう側も私たちを理解しにくいのだと思います。共存するためには、ほんのちょっとでいいので自分に自信をもって行動範囲を広げてほしいと思います。価値観、そして考え方が変わってしまうような出会いがどこに落ちているのかわからないからです。

私は30歳代半ばで発達障害の診断を受けました。今は子どものうちから診断される人も多くなってきています。私が子どもの頃に発達障害がわかっていたら、よかったのかどうか疑問ですが、「発達障害者」の枠組みの中で、人間関係におけるテクニックを身につけるような指導は子どものうち

◉キーワード **TEACCHプログラム**

TEACCHとは、Treatment and Education of Autistic and related Communication handicapped CHildrenの頭文字をつなげたもので、わが国では「自閉症と関連するコミュニケーション障害児の治療と教育」と訳されています。米国のノースカロライナ大学のエリック・ショプラー教授らによって開発された自閉症スペクトラム児者支援の通称で、親を協働治療者とし、自閉症スペクトラム者の視覚優位な能力に注目し、アセスメントに基づいた構造化による指導・支援を行うことが特徴となっています。

TEACCHプログラムが他の治療法と異なるのは、自閉症を治そうというのではなく自閉症のままでかまわない、しかし社会参加を促進するという発想です。

から受けたいと思っています。しかし、障害者として育てられていたら、今のようにクビを経験しながらも18年近くも同じ職場で働いていられたかどうかわかりません。恋愛などに多少不自由をしながらも自分名義の小さいマンションに親とともに住み、趣味を楽しむ生活ができたかどうか。

発達障害でも力のベクトルを変えると、少しでも生きやすい人生があるはずです。家族そして友だち、同僚にアスペルガー症候群の人がいたなら、「何か私にできることある?」とあたたかな目と手をかけてほしいと思います。

コメント 10

Ｌｅｅｚａ人さんは身だしなみがだらしない、借りたものを返さないなどの理由でいじめにあっていました。定型発達児にもいえることですが、中学時代は身体的発育と心の発達にずれが生じたりするため、最も問題が生じやすい時期です。とりわけ、この時期に発達障害生徒に対するいじめが頻繁に発生します。しかし、高校になると一変しました。それは、ボランティア・手話・劇団の活動を始めたからでした。このように何か自分に合った活動があると、定型発達の人以上に熱心に取り組むことがあります。

これは、仕事でも同じで、ジョブマッチングというのは発達障害の人には本当に大きな要素となります。なぜなら、Ｌｅｅｚａさんは高校卒業後ガソリンスタンドで働き始めます。最初のスタンドでは女性スタッフとの関係がうまくいきませんでしたが、同じ職種である次のスタンドでは6年も働き続けることができたのです。

マッチングというのは、このように職種や職務だけで判断できるものではなく、その場の環境とのマッチングなのです。そのマッチングには能力だけではなく、「この仕事をやってみたい」というニーズマッチングも必要となります。スタンドを辞めて、福祉職に就かれたLeezaさんは、まずは自分の希望に応じた仕事に就かれました。しかし、そこでもできる仕事とできない仕事があるため、なかなか理解されずに苦労されました。しかし、福祉という職種の中でも実際に行う職務を分析して、発達障害の人にマッチした仕事を与えるというのも合理的配慮の一つといえます。

⑪……………ADHD+ASD

「世の中に合わせる」のではなく、「自分に合わせてもらう」支援を

ナルヲ・ディープ（仮名）

1967年生まれ。美術短大卒。10以上の仕事で失敗を重ねた後ジョブコーチ支援で理解ある企業に就職し障害者雇用枠でイラスト編集に従事。趣味はセルフヘルプ品の発掘作成実践提案。ASDメッセージ製作、コミック会話で会話上達中。

私は仕事の場で数多くのトラブルを生じた結果、専門医を訪問し、30歳代後半に「ADHDの特徴をもつアスペルガー症候群」という診断を受けました。

40歳代に入り障害者雇用枠で働き始めて現在4年目です。ADHD+ASDらしい就労体験とその実践から考察とともに伝えたいと思います。

私は高校生になってからお小遣いをもらわないことに決めました。厳しい学校の目をかいくぐって16歳から何かしらのアルバイトをしてお金を稼いできました。アルバイトスタート時からトラブルの連続ではありましたが、何とか必死でやってきました。

私は小さいとき家族や両親とコミュニケーションがうまく取れずに育ち、自分のことを伝えることやタイミングをみて話をすることがほとんどできませんでした。そんななか、思春期になると大喧嘩の繰り返しになってしまいました。とりわけ、学校で集める物やお金のことが当日の朝まで言えず、両親にはいつも叱られ続けていました。必要な費用があるということを両親にうまく伝えられなかったために、お金は自分で稼ぎ用意しなければならないものと強く思うようになったのでしょう。普通の人は変だと思うでしょうが、これがＡＳＤの私の職業意識の芽生えです。

普通の人たちより20年ほど遅れて、ようやく自分の能力を発揮できる仕事に出会えるようになった私の経験をぜひお伝えしてみたいと思います。

1．定着できない職業経験

まず、仕事に就く前の学生時代のことについて簡単にふれます。

私は私立の普通科高校を卒業し、アルバイトをしながら美術研究所で浪人生活を送りました。その後、美術大学の短大に入学しディスプレイデザインを学びますが、4年制大学の夢が捨てきれず、いつも3つぐらい掛け持ちでアルバイトをしながら授業料のためのお金を貯めました。その間隠れ受験をし続けますが、2年で急いで単位を取り、あきらめてなんとか短大を卒業しました。
その後、就職しますが、私の一般職業人生は大きく5つのステージに分けられると思います。

【第1ステージ】

短大を卒業後、銀行の電飾看板などのディスプレイデザイン事務所に就職したのですが、仕事も雑用も何もやらせてもらえず、机に向かうだけの日々で3か月で退職してしまいました。

その後アルバイトでお金を貯め、2年夜間の学校に通いながら、昼間、デザイン事務所でアルバイトをしますが、売り込みや設計、作品づくりに没頭できないまま、模型づくりで怪我したことがきっかけとなり退職をしました。私は実物を見ずに設計図やスケッチを描くことに想像力の限界を感じて、実際に実物を飾ったりつくれる現場仕事を探し始めました。

【第2ステージ】

ディスプレイ施工会社に木工大工兼デコレーターとして入社しました。

ここでは、展示会で商品の陳列オブジェ製作、店舗の木工事で工期が短いサイクルの早い仕事でしたが、自分でつくって自分で壊すことがうまくできなくなりました。物を壊すのではない物づくりの仕事がしたくなり、職業訓練校で家具製作を学び、地方に仕事を得ることができました。

【第3ステージ】

職業訓練校で木工科の訓練を終了し、オリジナル家具の製作会社に入りました。この会社では、出張が多く、また慣れない田舎暮らしだったこともあり、うまくコミュニケーションを取ることができず、不注意から大怪我をしてしまいました。そして、1年後突然解雇されてしまいました。仕事がみつかるまで、家具につける金物をつくる溶接機や金属加工の知識を得ようと、ポリテクセンターで板金加工を学ぶようになりました。

【第4ステージ】

ポリテクセンターの先生の紹介で板金会社に入社しました。この会社は、家族経営の小さな会社で、物を投げられたり、怒鳴られたりしながらも仕事を少しずつ覚えたのですが、就職後2か月で椎間板ヘルニアと坐骨神経痛になりました。それでも、片道40キロを通勤して仕事を続け、曲げ加工などを担当しました。つくることは好きでしたが遠いことなどいろいろあり、結局退職しました。

その後、数社の板金屋で働き、違法派遣や残業代がつかないなどの問題から、さまざまな労働関連の争いに巻き込まれました。このような状況の中で、多くの会社でいじめにあい、徐々に退職に追い詰められていくようになりました。

また、健康面でも腰や体の不調がひどくなり、病院に通っているときにADHDを疑い専門医を受診したところ、アスペルガー症候群の診断を受けるに至ったのです。

【5ステージ】

特性を考え、一般派遣で自動車部品の図面作成の仕事に就きましたが、1年後に雇い止めにあいました。

2. 職業遂行上の課題

私はどの会社で働いても、経営者（雇用主）などの主要な人物に最終的に嫌われてしまいました。また、ASDやADHDの障害特性から解決できない難しい問題が存在していたのでしょう。一番の問題はコミュニケーションだと考えられます。雇用契約上決定権をもつ人物と私との間に重要なコミュニケーションが取れないままでいたため、最悪な状況をつくりだし、関係が悪化し解雇されるという状況が多かったような気がします。

私はやる気を見せるため面接時に自分の作品をたくさん持参しました。最初の段階では、「いつから来れる？」「いくら欲しい？」と好条件を提示してくれるのですが、入社し仕事が始まり数か月が経過すると、トラブルが生じ始めるということが多々ありました。つまり、自分の得意な部分を見てもらうと、そのできている部分で私自身の能力全体が高い、すなわち仕事ができるというイメージをもたれてしまうのです。しかしながら、私の度を越えた苦手な部分については、考慮してもらえなかったのです。私は能力のバラツキが極端なため、できることとできないことの差が激しいのですが、そのことが人とコミュニケーションを取る際に「誤解」につながっていくのです。どのような職場でも社長や上司に「大声で怒鳴られる」ということがわかってきました。一番はじめに入ったデザイン事務所の社長から直近の機械設計の自動車部品メーカーの部長までそうでした。それは、私のＡＳＤ＋ＡＤＨＤの特性がもたらしたことも多かったのだと思います。家具をつくっていたときの社長には、怒鳴られるあまり焦りを感じ、休憩後慌てて仕事をやろうとして集塵機に詰まった塵を取ろうと右手を入れてしまい、まだ動いていた木工機械の刃物に絡まれて大きく指３本がぐちゃぐちゃに削られるという大怪我をしてしまいました。その半年後に突然解雇されたのですが、怪我の労災は支払われずに終わりました。自分以外の人が怒鳴られる場合も、その怒鳴り声を聞くことが堪えられず、その場にいられなくなり、つらくて気が狂いそうになることもありました。後でわかったことですが、聴覚過敏と視覚過敏があることも関係しているのではないかと思います。当時、軽いパニック状態によくなっていたことがやっと最近になりわかってきました。

仕事が駄目になるときは、人と人との間のコミュニケーションにおける「なんとなく」がわからないため、解雇はいつも突然でした。孤立無援で味方はほとんどいない状態で、たとえいたとしてもコミュニケーションがうまく取れないために、状況を伝えられない状態でした。自分のコミュニケーションがそんなに特殊で仕事に悪影響を及ぼしていたとは考えが及びませんでした。どの仕事に就いても、コミュニケーションの問題で散々な目にあってしまいました。人とコミュニケーションを取ることと自分のやるべき仕事をするということの両方をこなすことは、私たちASDのある者にとっては非常に大変なことであると思います。私は人と合わせることができずトラブルだけが山積していきました。このようなASDの就労上の特徴が、私の職業遍歴からわかるキーとなる重要ポイントではないでしょうか。

3. 障害者としての就職活動

その後、精神障害者保健福祉手帳を取得しました。地方にいたときには情報も少ないなかで企業の障害者雇用枠の就労という方法を知りました。しかしながら生の情報は皆無でしたので、私が居住していたところから40キロほど離れた大きな街に支援センターがあることを知り、面談を受けました。成人の当事者はほとんど利用していないようでしたが、療育担当の人と県の職員の就労担当者でハローワークの障害者窓口の利用方法の同行説明の後、求人開拓員という仕事を探してきてくれる人を紹介され、一気に支援者が増えました。しかし、自分の障害の説明と希望している仕事の説明がうまくいかず理解されない時期が続きました。悩みつくしギリギリの手段で紙にチャート図で描いてトライし、なんとかほんの少し伝わっていきました。

ハローワークの担当者は会ってすぐに「アスペルガー症候群でＡＤＨＤ？　そのような人が机について仕事ができるの？」と大きめな声で質問されたときには、理解のなさに愕然としました。頭を抱えて悩んだ末に大きな街のハローワークでの相談を希望し、書類を移管してもらいました。同時に、90キロ離れた県庁所在地にある障害者職業センターでいくつかの職業適性検査を実施してもらいました。途中からは近くにある関連施設で説明をしてくれ、支援センターの人と連携で支援をしていただくことになりました。求人票は地方では本当に少ないなか、応募できそうなＣＡＤの仕事を見つけたものの、面接まで３か月以上も待たされました。その間県内を東奔西走しながら一般求人にも障害をクローズにして応募しました。自分一人で障害の情報開示はどうしても敷居が高く、一般求人で応募したのですが、支援者の調整に失敗し、あきらめました。

つい最近まではアスペルガー症候群への理解はまだ難しい時代でした。企業は面接もしてくれないし、応募できるところもないため、苦手な首都圏で仕事があるか探しに行きました。何度も長距離バスに乗りながら上京しました。希望する仕事は汎用性が高い２Ｄ／ＣＡＤソフトが使えないと難しいようだと知り、意を決して上京し、ちょっと住んでみることにしました。情報が氾濫しやすい私には電車通学も非常に大変なことでしたが何とか頑張り、３か月の訓練を終了しました。それから半年間必死で仕事を探しているうちに、気がついたらお金が底をつきそうになっていて、どうにもならない状態になっていました。生活保護を受給し、上京して仕事探しをすることに決めた頃、家族が徐々に理解してくれるようになり、首都圏に住む家族のところに同居して仕事探しをすることになりました。

その後、一度ジョブコーチ支援で就労が開始されたことがありましたが、会社の事情ですぐに終了となってしまいました。40社を超えるかと思う当てのない仕事探しが続いているときに、今の会社とめぐり合いました。アスペルガー症候群でも大丈夫だとのことでしたが、不安な気持ちで3日間の体験実習（障害者職業センターにおける職務試行）後に入社しました。

4. さまざまなサポート

私を就職に導いたさまざまなサポートの中から4つのサポートを提案します。

サポート①

まずは、自分で情報を網羅したシートを作成しました。自分の障害のこと、やりたい仕事をできる限り書き出すのです。得意なことや苦手なことなどもすべてです。企業への支援依頼等がまとまります。

サポート②

時間的余裕があって、やりたい仕事の内容が合えば職業訓練校はお勧めです。

文科省の学校と違い職業に直結している内容ばかりですし、教材費以外はあまりお金がかからないことが多いと思います。ただし、注意が必要なのは、担当講師や関係者に障害のことを伝えるかどうかということです。伝えるのであれば、どの程度の内容を伝えるのかを決めておくことが大切です。なぜなら、伝える内容は相手や状況により変わってくるからです。私は過去4校の職業訓練校に通ったことがありますが、そのうち2校は障害が診断された以降です。診断されたときに通っていた学校の講師は私のコミュニケーションが気に入らないと、入校2週間後に突然喧嘩を売り、それ以降6か月一切の課題指導がありませんでした。もう一つ、上京して通った2D／CADの学校で期間は3か月でしたが、そのときははじめに講師に直接簡単に障害のことを書いて伝えました。その結果、理解していただき、些細だけどありがたい配慮を最後までしていただきました。

サポート③

発達障害に理解がある支援機関に支援してもらうことです。会社との間の通訳、パイプ役は地域障害者職業センターに支援してもらい、大変感謝しています。

サポート④

企業の下見を事前にしておくといいと思います。アクセス時間などを含めて、周辺を落ち着いて見ておくことも大切です。応募書類はパソコンで作成すると弱点を隠してくれます。私は履歴書、職務経歴書、障害について、お願いしたい配慮はすべてパソコンでつくりました。なかでも職務経歴書はものすごい転職数を隠すためにすべて書かずに代表的な職種3つのみに絞って書きました。面接は、たとえ自分がしゃべれても支援者に同席してもらうといいと思います。第三者が中に入ってくれることによって、大きな問題を防ぐことができ、企業担当者の見方、対応、障害理解度が違ってきます。もし企業の人に難しい質問や会話をされたらすぐ通訳してもらえ、弱点をカバーしてくれます。私は面接に同行してもらったことにより、失敗を防ぐことができ、予想外の質問にも無事答えられ入社できました。

5．現在の仕事

現在の仕事は車の技術資料のイラスト編集（テクニカルイラスト）を行っています。うまくいっている点としては、まず仕事の内容がとても自分に合っていることがあげられます。私は絵で考えることが得意なため、文字が少なくほぼイラストのみしか見ないで行える作業はとても自然に従事できるのです。細かい作業ですが、車は日々乗っていたため、形もわかり描きやすいのです。

職場で役立つツール①

タイムタイマー

残り時間を赤い部分で訴えてきてアピール力が強いため、とても効果が高いと思います。家では「構造化されていない時間」が多いので、時間管理でかなり救われています。

また、会社では昼休みに電話をしなければならず、外に出たとき、昼休みの残り時間が気になって仕方ありません。電話は苦手なので、できる限り使いませんが、どうしても必要な場合があります。そのようなとき、残り時間だけを赤の量でストレートに教えてくれるので、時間感覚が身につくようになりました。外出時はiPhoneアプリ版を使います。とりわけ、会社での休憩時間の管理（昼休みや３時の休憩時間）や仕事が１時間でどれくらいできているかを把握すること、お昼まで（あるいは退社時間まで）を明確に把握できるため、むやみにはまり込んでしまうことを防止すると同時に、徐々に気持ちを切り替えていくことができます。

社内では、配属部署の上司と総務の女性（上司と一緒に支援してくれている）からの決め細やかな支援に助けられています。実際の仕事部署でもイラスト担当の人が配慮し、仕事の指示をしてくれています。外部支援では、医療では、児童精神科医のクリニックへ定期的に通院し、薬物療法とコミュニケーションなどアドバイスを受けています。就労では、地域障害者職業センターの支援で就労開始時にジョブコーチ支援を受け、その後1年のフォローアップ支援で会社との通訳ほか支援をしてくれています。

職場の人間関係については、入社1年後からまず一人、その後もう一人の人を紹介され、上司が間に入り、私が作成したサポートシートを渡して紹介してくれたことからやりとりが始まりました。メールマガジン「3人通信」を作成・配信して、自分の障害のことや社内のことなどもお伝えし、コミュニケーションを図っています。2か月に1回の昼食会では、直接会話によるコミュニケーションも行っています（上司の支援あり）。仕事の現場では、イラストの仕事の指示を私が理解しやすいように上司と連携して配慮してくれています。同僚の人たちは、はじめからじろじろ見たりどんどん話しかけてきたりすることなどなく、それは非常に大きな精神的な負担減となりました。メールサーバが停止しているのに気づかず必死でメールを書いてしまったときに声かけをするなど、必要なときのみ助けてくれて感謝しています。

上司と総務の女性の支援では、絶対に無理だろうと思ったことを勇気を出してお願いしてみた

職場で役立つツール②

ノイズキャンセリング ヘッドフォン

私は電車で通勤していますが、首都圏での移動時における情報はいやおうなしに聞こえてくる音、目に飛びこんでくるもの、におい、ジメジメした体感などがあります。このなかで、とりわけ音は相当な量で圧倒され私には多すぎるようです。そこで耳からの音情報は制限できるかもしれないと思い使い始めました。少なくするとかなり他の大事な情報がクリアに取りこめるようになり、物事に集中できるようになりました。また、音が小さくなるとかなり落ち着き、安心できるようになりました。

具体的には、通勤時の電車内で使い始めたら、とても楽に快適になりました。朝は、一日の予定を毎日シートに書き出しますが、すぐ集中できるようになりました。

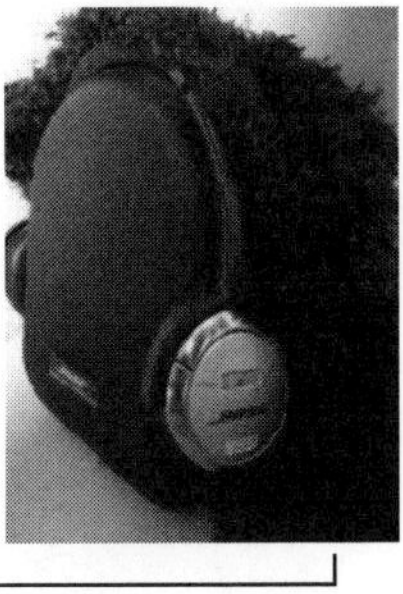

帰りは、会社モードから自分モードの時間への切り換えがスムースにできるようになりました。派手な広告など、刺激的な視覚情報は減らすことはできませんが、細かい車内のきしみ音など気になりだすととまりませんでしたが、どれか一つでも情報量を減らすと全体の情報量が減り、落ち着きやすくなるということなのではないかと思います。

職場で役立つツール③

NOW 付箋紙

私は本などを読み始めると、どこを読んでいるのか自分でもまったくわからなくなってしまうことがあります。そんなときに付箋紙があれば今どこかを教えてくれます。付箋紙を貼っておくことによって、見失ってもその場所に戻ることができます。ADHD の影響でしょうか、私は一つのことをやっていると他のたくさんの閃きや刺激で脱線してしまうことがあるのです。

ら叶えてくれたことが多いです。定型発達者の社会では見向きもされない、信じてもらえないどんな些細なことでも、私の側の目線で一緒に考えてくださり、可能な限り対応して関係先とつないでくださっています。

具体的には、入社して3か月後、上司たちとフロアが別になることになり、直接のコミュニケーションの負担を考えてメールによるコミュニケーションをお願いし、承認していただきました。上司の存在を気にせず、自分ができるときに連絡ができるようになってかなり救われるようになりました。自分でとめたくてもとまらなくなるときがある細かいことへのこだわりからの質問もメールでできるようになったり、自分の状況や変化もメールで伝えています。支援や雇用管理の参考にしていただくための障害情報、たとえば成人の発達障害者関連のテレビ番

◉キーワード　構造化

米国ノースカロライナ州の TEACCH プログラムで開発された支援技法の一つで、自閉症の人を変えようとするのではなく、自閉症の人が自立して行動できるように環境をわかりやすく整えることを意味します。構造化には物理的構造化、スケジュール（時間の構造化）、ワークシステム（課題や活動の構造化）などがあり、いずれも自閉症スペクトラムの人たちの視覚優位な特性を生かし、パーテーションで刺激を遮断して課題に集中させたり、絵や写真、文字、シンボルなどを用いて視覚的にわかりやすく示されています。

組などの情報告知、障害関連の講演会や勉強会で学んだことの報告、セルフヘルプ自助品など文章で伝えることが難しい場合は、画像や写真で伝えることも許可してくださっています。

また、周りの人たちからの視線が苦手な私は「机の位置を端に設置してくれる」などの構造化による支援を行ってくれています。総務の女性は、年が近いこともあってか、一般社会のことや女性たちのコミュニケーションや会社のことなど、私がとても疎いこと、弱い部分を特に支援してくれます。健康診断の手配、流れ、説明、お掃除当番、定着への支援も行ってくれています。具体的には、ASDの私がやっていけるように「お掃除マニュアル」を一緒につくってくれたり（視覚支援）、やることが決まっていると（余計な情報で混乱したりやりすぎたりすることなく）無事完了できるように配慮してくれたり、上司に伝えたら失礼だろうと思うときなどの通訳にもなってくれています。

このように、いつでもどんなことでも対応してくれるこの2人の体制は心強く安心できます。ASDやADHDという障害についても2人は本やテレビ、WEBなどの情報を見てくれていて、多くの自作の視覚支援メモなどセルフヘルプツールを使うことについてもご理解いただいています。私は数字や文字や人の声に色を感じるという共感覚があるため、自分支援に活用したいという提案についても理解してもらっています。たとえば、パスワードの控えを色で用意したり、緑に感じる声の上司が自ら緑色のペンで書いてくれたので、後でそのメモから緑の声が聞こえるように感じることは今でもあります。

6．まとめ

仕事に就く際に注意することの一つはできる仕事を選ぶことです。好きなことや好きになれる可能性があり、自分に向いている仕事であれば継続することができます。もう一つは、雇用形態です。それは必要な支援体制があるということです。発達障害の障害特性のよい部分を生かしてもらえるような雇用形態であることも継続理由の一つになるでしょう。

私は長い間田舎でひとり暮らしをしていたのですが、このときは周りの理解を得ることができませんでした。しかしながら、首都圏の実家で家族と同居し、理解を得たことはとてもよかったと思います。自分の障害をカミングアウトしたことで、友人・知人が一気に減ったことがありました。しかし、職場では障害をカミングアウトしたことにより、仕事だけではなく、ほかにもいろいろな点が大きく変化してきています。

今まで必死に「世の中に合わせよう」と頑張ってきたもののうまくいかずすべてが破綻してしまっていたのが、今の職場では「自分に合わせてもらう」という支援を受けることができるようになりました。それまで周りは敵ばかりで仕事でも理解者はほとんどいなかったのですが、今の

職場で役立つツール④

視覚支援カード

★場面に応じた「やること」を、見ることで教えてくれる

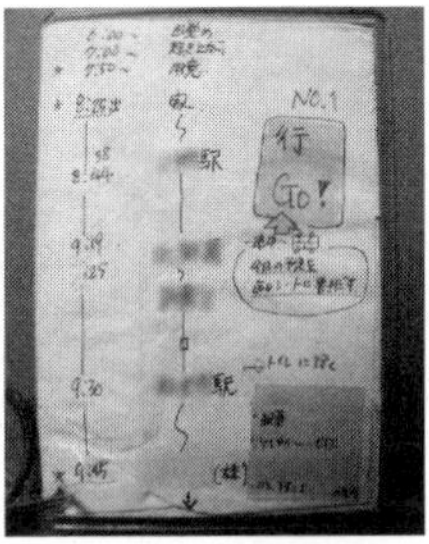

1. 家を出て会社までの流れを行くときに見る

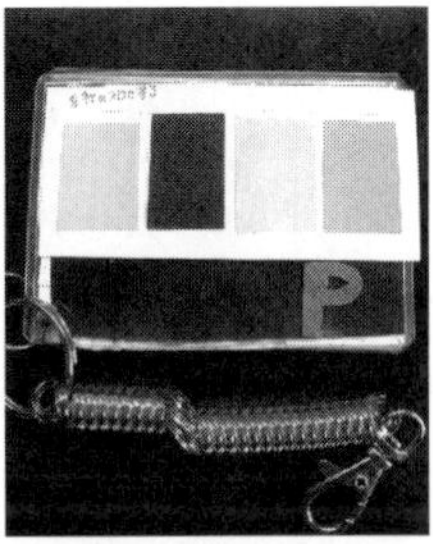

2. 会社に着いたら入口で押す番号を感じる数字の色で見る

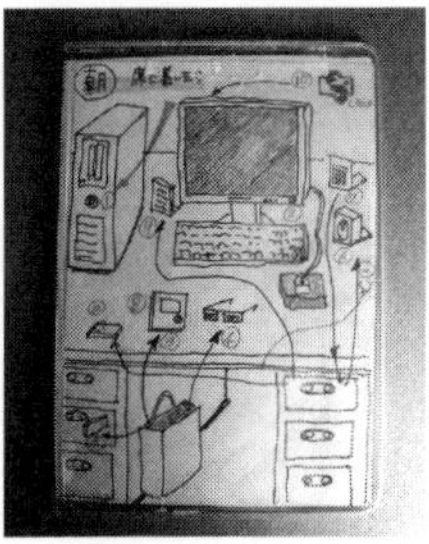

3. 出社して机についたらやること（番号順）

4. お昼にやること（メーラーの最適化を行うときは朝、付箋を貼っておく）

1.　1日の予定を書き出す。服薬なども書いてある。
2.　色の共感覚を活用。万一落としても数字のセキュリティは万全。
※1と2はチェーンクリップをつけて携帯している。
3.　机周辺と出す順の番号がイラストで書いてある。
4.　愛用のお弁当箱と水筒を見てお昼の時間を実感する。
※3と4と3時休憩にやることのカードは机の引出しに入れている。

職場では自分のことをよく知る人たちが私を理解してくれているため、適切なアドバイスやサポートをしてくれるようになりました。それまではできないことをできるように必死で頑張っていましたが、今の職場ではできないことは「どうしたら力を貸してもらえるか」を考えるようになりました。つまり、支援をお願いできるようになったのです。さらに、自分でも支援具を用意したりつくったりしながら、自分で変える方法を身につけることができるようになりました。

それまでは人と同じコミュニケーションを取らなければならないと頑張り、できないときには自分の話は聞いてもらえないのだと思ってあきらめつつネガティブな思考をしていました。しかし、今の職場では他の人と自分はコミュニケーションの方法は違っていると理解し始めています。そのため、おもなコミュニケーション手段はメールです。メールであれば、表情・しぐさに惑わされずに目的のみダイレクトに伝えることができるので、私には非常に合っている方法なのです。それまでの職場の人たちは、私のことは何も知らないし知らせないという状況でしたが、今の職場では入社した最初の段階から上司が「私はナルヲさんのことは何でも知っています!」とおっしゃっていてびっくりしました。しかしよく考え直し、本当に何でも知ってもらって、私の支援により深くかかわってもらおうと、メールで自分のことやASDのことなど情報提供をしました。実はこれは私にとって大きな賭けでした。ひょっとしたら嫌われてしまうか、無視されて読んでもらえないのではないか、ついには解雇されてしまうのではないかとも思ったくらいですが、なんと今でも続いています。

いつもお世話をしていただく総務の女性からは「いろいろなことを隠さないで伝えてくれるから支援しやすいです。わからないと助けてあげられないですから」とおっしゃっていただいています。今思うと勇気を出して伝え続けてきてよかったのではないかと思っています。これもＡＳＤ／ＡＤＨＤ脳がやらせたことだと思うのですが、感謝の気持ちでいっぱいです。

7．おわりに

最後に全体を通してわかってきたことをお伝えしたいと思います。

ＡＳＤの三つ組みの特性は「社会性」「コミュニケーション」「想像力」などに困難を示すことになっていますが、会社で働くことにより「社会性」が身につきつつあります。また、口頭でのコミュニケーションは苦手ですが、メールでの「コミュニケーション」能力は向上します。そして、仕事を続けていくことで「想像力」も変化してきているような気がします。つまり、仕事をすることでこれらの三つ組みが大きく成長しているのではないでしょうか。

仕事以外に、自己実現の方法を見出すのもいいという人もいますが、高機能のＡＳＤである私の場合、仕事をしていくことで自己実現、充実感、達成感をもちながら社会参加することが望ましいと考えています。以上が、発達障害の診断を受けた後でも長い間仕事に就けなかった時期を思うと、大変なことがあってもできる限り仕事に就いたほうがいいと思う理由です。

私の場合、子どもの頃は一人で考えることが多く、周囲とつながっていくことがなかなかできずにいました。そのため現実的な想像力が乏しく、実際に体験をすることでしか社会のことを学べなかったのではないかと思います。実際に失敗して学んだことにより、自分を自覚するしかなかったのではと思っています。自覚すると、こんな私でもどうにかやってみようとするようになりました。コミュニケーションもうまくできてはいなかったので、アドバイスを聞き入れることも難しかったのだと思います。以前は一人で仕事して一人で暮らしていけることをめざしました。しかし、コミュニケーション能力や自己管理能力などの欠如によりすべてが行き詰りました。大きな見誤りは、仕事は一人ではできないということです。それはＡＳＤだからなおそうなのでしょう。

私は以前ジョブコーチの支援を受けて就労したことがありますが、２週間で企業側の一方的な都合で雇用が終了しました。発達障害者の就労においては、本人のやる気や支援者の支援も必要ですが、最終的に雇用するのは企業です。その企業に雇ってもらえなければ、われわれ発達障害者の就労は実現しないので、企業の理解がどうしても必要です。発達障害者のさまざまな特性を理解して、「一緒に働こう！」という企業がもっともっと増えることを祈っています。

コメント 11

ナルヲさんとはじめてお会いしたのは今から4年前の2008年、代々木のオリンピックセンターで開催されたTEACCH研究会での講演会でした。一番前の席で熱心に私の話を聞かれた後、質問に来られました。その際に拙著を何冊か抱えて、その本には多くの付箋とアンダーラインが引かれていました。

その後、地域障害者職業センターと労働局主催の研修会の講師をすることになり、参加されていた企業を見学させていただくことになり、その企業に伺う当日にナルヲさんからメールをいただいたのです。なんとその会社で働いていらっしゃるとのこと。職業センターのカウンセラーおよびジョブコーチと訪問したところ、素晴らしくナルヲさんの特性に配慮されている会社でした。具体的には以下のような支援がありました。

・口頭での説明は理解しづらいので、紙に書いてくれる
・後ろから声をかけられると混乱するので、右横から視界に入るように来てくれる
・わからないことは口頭ではなく、視覚的にわかりやすいメールで対応してくれる
・急な予定の変更はパニックになるため、予定を早目に連絡してくれる
・上司の指示がばらばらだと混乱するため、いつも同じ時間に同じ人が対応してくれる
・他人の視線が気になるため、あまりじろじろ見ないでいてくれる

・視覚的刺激に敏感なため、集中できるように机の位置を一番端で窓際にしてくれる
・同様に更衣室のロッカーも人とできるだけ接触しないように一番奥で窓際にしてくれる
・最初から長時間の仕事は緊張感が伴うため、遅い時間から始まり早い時間に終わる短時間就業から始めてもらった
・休憩時間に人と接触するのが困難なため、体験実習3日間の昼食時間は別な部屋を用意してくれた

以上のような支援はまさしく「構造化」といわれるもので、ASDなどの発達障害の人たちにとっては極めて有効な支援です。現在、このような企業がどんどん増えてきています。就労支援の専門家はこのような支援を企業に提供できるようなジョブコーディネーターをめざしてもらいたいものです。

解説 発達障害者の職業自立を進めていくために

1. 発達障害者に対する就労支援制度

「障害者の雇用と促進等に関する法律」により、発達障害者の就労支援も充実してきています。よく使われている支援としては3か月間といった期限が定められた「トライアル雇用」があります。トライアル雇用期間中には、地域障害者職業センターのジョブコーチによる支援を受けることができます。

また、企業は発達障害者を雇用した場合「発達障害者雇用開発助成金制度」という助成金を受けることができます。

さらに、自分が発達障害であるということをオープンにせずに就職したい場合には、若年コミュニケーション能力要支援者就職プログラムというものがあります。その際、就職支援ナビゲーター

（旧就職支援チューター）によるマンツーマンでの個別支援を受けることができますが、全国すべてのハローワークに配置されているわけではありません。このプログラムにおいて、発達障害をオープンにして就職しようとする場合は障害者専門窓口で相談し、地域障害者職業センターなどとの連携による支援を受けることができます。

前記以外に発達障害者を対象とした職業訓練制度が設けられています。職業訓練制度は「知識・技能習得訓練コース」と「実践能力習得訓練コース」に分かれており、実践能力習得訓練コースは企業を委託先とし、事業所を活用した実践的職業訓練で訓練終了後はそのままその企業で就職をめざすものとなっています。

その他にも発達障害者の就労支援対策として、「就労支援者育成事業」というものがあります。これは発達障害者の就労支援を行う支援者に対して就労支援の知識を付与する「就労支援関係者講習」、在職中の発達障害者と就労支援者が休職中の発達障害者にアドバイスを行うという「体験交流会」「体験型啓発周知事業」という発達障害者の雇用経験がない事業主に対して、理解・啓発・雇用促進を目的として事業所において行われる10日間程度の職場実習などがあります。

2. 発達障害者の適職

自身が高機能自閉症で米国のコロラド大学教授であるテンプル・グランディン氏は高機能ASD障害の人たちに合う14種類の仕事を紹介しています。それらは、空調技術者、大学教授、IT技術者、獣医補助、製図、設計、研究者、芸術関係などです。

しかしながら、就労を考える際その国の文化や障害者雇用に対する考え方に相違があるため、必ずしも米国での適職がわが国でも適職となるとは限りません。LDとして著名な業績を残しているウォルト・ディズニー、ロンガー・バーガー、トム・クルーズなどは、わが国の教育体制では落ちこぼれ状態になっていたかもしれません。このように学校教育においても、集団活動やコミュニケーション、協調性などを求めるわが国と個性を重んじる米国との相違も考えられるからです。高齢・障害・求職者雇用支援機構が実施している障害者雇用改善好事例に選ばれた「良品計画株式会社」では、計算が苦手なLD者に対しては、計算の内職務あるいは計算がどうしても必要な場合は電卓を使用させるなどの個人に応じた支援がなされています。このような支援は職種というよりも職務を検討したり、適切な職場配置をすることによって対応できることが示されています。時代の変化とともに多様化した職種を考えると、職種で考えるというよりは職務そして支援内容を検討することによって適職となる可能性も大きいのではないかと考えます。

3．必要な就労支援

能力にばらつきがあることが発達障害者の特徴だといわれています。しかしながら、ＡＳＤ障害のように対人関係やコミュニケーションは難しくても、視覚的刺激に高い能力があるためコンピューター等のＩＴ関係では素晴らしい能力を発揮している人もいます。発達障害者の就労支援を担当する専門家は、すべてのことにまんべんなくできなくても、彼らの能力特性を把握し、彼らに合った仕事を提供すること、すなわち適切なジョブマッチングを行うことが、就職だけではなく、その後の就労定着に大きな役割を果たすものと考えます。

・発達障害児童生徒に適したキャリア教育

２０１２年4月に徳島県小松島市に、全国ではじめて発達障害のある高校段階の生徒らの特別支援学校「みなと高等学園」が開校されました。この学校は、社会的・職業的な自立に向け専門的に教育する学校とのことで、卒業後の就労をめざし、地元企業約70社から現場実習の受け入れの協力も取りつけているとのことです。

4．おわりに

企業は発達障害の人の雇用を避けているわけではなく、発達障害のことをよくわかっていないのです。障害者雇用率も1・8％から2％に引き上げられ、また、雇用納付金の対象事業所も2015年からは100人を超す事業所になり、ますます障害者雇用を検討していかなければなりません。

まず行うべきことは、企業に対して発達障害の理解・啓発を図ることが必要です。その際に、ハローワークや障害者職業センター、就業・生活支援センター、発達障害者支援センター、若者サポートステーションなど企業と発達障害の人たちの間を取り持つ支援者の人たちに発達障害者の就労支援の課題や具体的支援法の研修が必要となってきます。

発達障害者に詳しい就労専門家であれば、適切な職種のマッチングができるようになり、抽象的な指示での支援を少なくすることができます。そして何より大切なことは、職場内での対人関係の調整を行うことです。発達障害者の多くは、離職・退職の原因は仕事そのものの問題よりも対人関係などのソフトスキルの問題が中心となっています。そのため、就労支援の専門家は企業と発達障害者との間を調整するジョブ・コーディネーターとしての専門性が望まれるのです。

あとがき

２０１２年11月に開催された日本児童青年精神医学会において、ＬＤ（ディスレクシア）、ＡＤＨＤ、ＡＳＤと診断された方々の「当事者からの訴え（発達障害）」というミニシンポジウムに参加しました。

ＬＤの方は日本ではなく英国でディスレクシアと診断されたものの、スタディスキルという勉強方法によって学校での学習の問題は解決でき、大学では建築学を学び優秀な成績で卒業しました。しかしながら、日本に帰国し建築士として就職したのですが、うまく対応できませんでした。それは、建築士としての設計の能力は高くても、それ以外の仕事である「議事録を書く」「お茶くみをする」「メーカーとの打合せをする」「経費を請求する」「掃除をする」など設計以外の仕事も行わなければならなかったからです。現在シンガポールで建築士として働いていらっしゃいますが、そこでは日本のように何でもしなければならないのではなく、設計に集中させてくれるため能力を発揮できています。

また、ＡＤＨＤの方は製造業の仕事をしていたとき、不注意ミスが多く、叱責を受け続けたためうつ状態となって精神科にかかったものの「精神科はあなたの努力不足を補うことはできない」

と言われ、自殺未遂を重ね、父親とも折り合いが悪くなってとうとう家出をされてしまったという報告をされました。そこで改めて自分の人生を見つめなおし、自分がやりたかった福祉の仕事である知的障害者の施設職員として働いています。

そして、ＡＳＤの人は学力優秀で名門大学の博士課程まで進まれたのですが、いまだに左右の区別が混乱してしまい、外出する際には他人の体臭や騒音が苦手なため電車に乗れないという報告をされました。やはり子どものときはいじめにあい、中学生のときは不登校になり、診断されたのはなんと40歳のときだったそうです。

3人はそれぞれ診断名が違い、障害特性も異なりますが、共通しているのは「生きにくい」人生を送られてきたということです。その最も大きな原因は、発達障害という障害を周りが理解してくれなかったことにあります。

発達障害の人たちは能力にばらつきがあります。ばらつきがあるからこそ発達障害と言われるのです。そのばらつきの優れた側面を生かした仕事に就くことができたら、どんなに素晴らしいことでしょう。

このシンポジウムの最後に、ＡＳＤの方が医療・教育・福祉の分野にいる「熱心な無理解者」と呼ばれる支援者がかえって当事者の現状を悪化させることがある、「社会性を身につける」「人の目を見て話す」といった指導はＡＳＤの人には不要ではないかと指摘されました。

発達障害の人には確かに支援が必要です。しかし、発達障害の診断名がＬＤであっても、あるいはＡＤＨＤやＡＳＤであっても、一人ひとりのニーズに応じたオーダーメイドの支援でなければなりません。発達障害の人たちと関わる専門家と言われる人たちは常に「熱心な無理解者」にならぬよう心がけていきたいものです。

２０１２年11月　梅永雄二

【編著者紹介】
梅永　雄二（うめなが　ゆうじ）
宇都宮大学教育学部教授　臨床心理士　LD 教育士 SV　自閉症スペクトラム支援士 Expert　教育学博士
大学卒業後、障害者職業カウンセラーとして、障害者職業センターに勤務。平成 10 年より明星大学専任講師。平成 12 年同大学助教授。平成 15 年 4 月より現職。
［主な著書］
『発達障害者の雇用支援ノート』（金剛出版）『障害者心理学』（福村出版）『よくわかる大人のアスペルガー症候群』（監修 主婦の友社）『発達障害者の理解と支援』（福村出版）『LD、ADHD、アスペルガー症候群児の進路とサポート』（明治図書）他多数

こんなサポートがあれば！3
LD、ADHD、アスペルガー症候群、
高機能自閉症の人たち自身の声【就労支援編】

発行日　2012 年 12 月 10 日　初版第 1 刷（3,000 部）
編　著　梅永雄二
発　行　エンパワメント研究所
〒 176-0011　東京都練馬区豊玉上 2-24-1　スペース 96 内
TEL 03-3991-9600　FAX 03-3991-9634
https://www.space96.com
e-mail：qwk01077@nifty.com
発　売　筒井書房
〒 176-0012　東京都練馬区豊玉北 3-5-2
TEL 03-3993-5545　FAX 03-3993-7177

編集・制作　七七舎　　装幀　久保田哲士
印刷　シナノ印刷株式会社　　ISBN978-4-86479-019-2